150
131

D1730477

Essay
eine Literatur-Reihe
herausgegeben von Walter Grond

Dragana Tomašević

Briefe aus Sarajevo

Aus dem Bosnischen von Katrin Becker

Für Theresia
ganz freundlich.

Dragana Tomašević

Taschenbach, 02.08.1998

Literaturverlag Droschl

für meine Mutter

INHALT

Denen, die nicht hier sind
Offener Brief an Professor Aleksa Buha

Verehrter Professor Buha!

Können Sie sich noch dran erinnern, daß Sie einst Vorlesungen zu Kant gehalten haben? Wissen Sie, daß es zu Ihren Pflichten gehörte, Ihren Studenten die Maxime vom »Sternenhimmel über und den moralischen Gesetzen in uns« zu vermitteln, Kant weiterzugeben, uns seine Thesen durch Ihr Leben und Tun vor Augen zu führen und mit Ihrer eigenen Person als Beispiel zu untermauern? Wenn Sie ein ernsthafter Mensch und Lehrer sind, wenn Sie Wilhelm von Humboldt, den Zeitgenossen jener Philosophen, die Sie lehrten, tatsächlich begriffen haben, dann ist es Ihre Pflicht, im Einklang mit dieser Maxime, die Sie uns vermitteln und erklären mußten, durch Ihr eigenes Verhalten beispielhaft voranzugehen.

Was für ein Beispiel haben Sie uns nun zu bieten, Herr Professor? Sie schicken Heckenschützen, um vor dem Parlament auf uns schießen zu lassen. Sie schicken Erpresserbriefe, drohen, Sie würden die Stadt, in der so viele Ihrer Studenten leben, dem Erdboden gleichmachen, sollte man nicht bereit sein, jene, die auf Ihre Studenten geschossen haben, aus der Haft zu entlassen. Sie versuchen mich davon zu überzeugen, daß es mein nationales Interesse sei, auf Menschen zu schießen, die spazierengingen und Frieden wollten. Sie beteuern mir, es sei mein nationales Interesse, das Rathaus zu zerstören.

Inwieweit hilft Ihnen heute bei der Beweisführung jener Wahrheiten der klassische deutsche Idealismus, den Sie mich lehrten? Inwieweit half Ihnen beim Auffinden dieser Wahrheiten das Gespräch mit Ihren Studenten, die keine Serben sind? Wissen Sie eigentlich, Professor, wieviele Ihrer Studenten vor dem Parlament waren, als Ihre Schergen das Feuer auf sie eröffneten? Wissen Sie, wieviele Ihrer Studenten in der Stadt leben, die Ihre selbsternannten Herren zerstören wollen, sollte es nicht nach ihrem Willen gehen? Sind Sie sicher, Professor, daß Kant Ihr moralisches Beispiel billigen würde? Sind Sie sicher, daß es ihm behagen würde, wüßte er, daß Sie ihn lehren?

Empfinden Sie keine Scham, Herr Professor? Werden Sie morgen vor neuen Studenten wieder über Kants Ethik sprechen können? Es würde mich freuen, wenn Sie es nicht könnten – das würde bedeuten, daß Sie wenigstens Ihre Arbeit, wenn schon nicht das Leben Ihrer Studenten und Ihr Fach achten. Sie wissen wohl, daß das Erlangen der akademischen Würde nicht nur auf der Überprüfung des erworbenen Wissens beruht, sondern auch auf der Überprüfung der menschlichen Reife, mithin der Fähigkeit des Menschen, erworbenes Wissen ethisch zu nutzen – also im Dienste seines Nächsten. Das, Herr Professor, wissen Sie nur zu gut, das hatten Sie uns auch beizubringen. Sind Sie sicher, daß Sie in Übereinstimmung mit dem gehandelt haben, was Sie wissen und was Sie uns beibringen mußten?

Ich schreibe Ihnen, da Sie der einzige in dieser Meute sind, zu dem ich einen Bezug habe. Ich schreibe Ihnen, da ich viele Male davon geschwärmt habe, Sie wären ein guter Professor. Jetzt schäme ich mich deswegen, Professor. Ich schäme mich Ihrer.

Ist irgend etwas von dem, was Sie mich lehrten, von Wert? Bin ich etwas wert, da ich Ihre Studentin war? Ich habe Sie abgeschrieben, Professor Buha, doch ich bitte Sie, es dennoch wenigstens zu versuchen, zu Ihrem Gegenstand zurückzukehren. Es kann nicht sein, daß Sie das, was Sie heute tun, von Kant gelernt haben, es kann nicht sein, daß es Ihre Studenten waren, die Sie zu dem, was Sie tun, inspiriert haben, es kann nicht sein, daß dies die bestmögliche Anwendung von Kants Ethik ist.

Wenn Sie Ihre Erinnerung an Ihre Lehrinhalte nur ein wenig auffrischen würden und wenigstens jetzt versuchen würden, in Übereinstimmung mit ihnen zu leben, vielleicht würde ich mich weniger schämen, einst Ihre Studentin gewesen zu sein.

Diese Zeilen habe ich am 19. April 1992, also im ersten Kriegsjahr, geschrieben und in der in Sarajevo erscheinenden Tageszeitung »Oslobodenje« veröffentlicht. Ich schrieb sie, weil ich auf die Tatsache reagieren mußte, daß mein Professor einer der Ideologen des Bösen war, das damals schon langsam Gestalt anzunehmen begann.

In der Zwischenzeit ist viel geschehen. Mein Professor hat sich nie auf Kants Ethik und die Inhalte, die er uns lehren sollte, besonnen, und seine ethische Schuldigkeit sah er vielmehr im Zerstören und Niederbrennen von Städten, darin, alles zu zerstören und zu töten, was nicht im Auftrag der faschistischen Idee stand, der er sich verschworen hatte.

Seine pädagogische Erfahrung nutzte er, eine Schule des Schlachtens zu ersinnen. Diese Schule ist, nach den Berichten des ersten verurteilten Kriegsverbrechers Borislav Herak, in der Nähe von Sarajevo angesiedelt worden und war so organisiert, daß zwei bis drei Tage je fünf Stunden lang der Unterricht an Schweinen exerziert wurde (»Er erklärt wie, sticht eins ab, und dann wir. Er sagt uns, wie es geht.«)

Wenn er sich von diesen ideologischen und pädagogischen Anstrengungen erholte, spielte mein Professor Fußball mit Menschenköpfen.

In der Zwischenzeit habe ich auch die Geschichte von Vojin Simeunović erfahren, einem Kollegen und Freund meines Professors Buha. Noch in der Zeit des »normalen« Lebens, als noch der reguläre Unterricht lief und regelmäßig Parteiversammlungen abgehalten wurden, wollte Buha, daß Simeunović – als Serbe – irgendeinen Aufruf der bosnischen Serbenpartei SDS unterschreiben sollte. Dieser wollte darüber nachdenken, da Politik ihn nicht interessierte und er mit ihr keine Zeit vertun wollte (wenn er doch in Ruhe seinen Kierkegaard lesen konnte). Zwei Tage später entdeckte er in der Zeitung seine Unterschrift unter einem Dokument, das er niemals unterzeichnet hatte, und doch war die Unterschrift nicht gefälscht. In jenen Tagen hörte dieser stille Mensch auf, an das Telefon in seiner Wohnung zu gehen, hörte auf, sich in der Stadt zu zeigen ...

Heute, nach all dem, was in der Zwischenzeit geschehen ist, weiß ich, daß mein Professor für immer die Möglichkeit verspielt hat, sich jemals wieder auf sein Fach zu besinnen, ich weiß, daß er auch nie in Übereinstimmung mit dem, was er lehrte, gelebt haben konnte, denn von Kant hatte er sich nichts zu eigen gemacht – sein erworbenes Wissen und sein Erleben der Welt hatten keine Berührungspunkte.

Ich weiß, daß die Fragen, mit denen ich mich im April des vorigen Jahres an ihn gewandt habe, viel bohrender geworden sind, viel schwerer, existentieller. Ich bin überzeugt, daß mein Professor, gemeinsam mit seinen Kumpanen, seinen Kollegen und Freund Vojin Simeunović umgebracht hat, und ich weiß auch, daß es äußerst irrational gewesen ist, ihm damals diesen Brief geschrieben zu haben. Dennoch, jenem Brief muß ich heute dieses Postskriptum hinzufügen. Ich muß es deshalb tun, weil mich die blutigen Orgien meines Professors, die im vergangenen Jahr rund um Sarajevo gefeiert wurden, mich dem objektiven Kalender entfremdet und mich dazu gezwungen haben, auf meinen ganz privaten zurückzugreifen. Und in diesem ganz privaten Kalender kommt ein Spiel von Symmetrien in Gang – ein Spiel, das zuviel emotionale Energie freisetzt, als daß man schweigen könnte. Nur ein kleiner Einblick in dieses komplizierte Spiel sollte ausreichen, um meine Gründe zu begreifen:

– Juni 1981, Schauplatz Sarajevo. Berber, mein Studienfreund, und ich bestehen ein Kolloquium über den deutschen Idealismus. Einige Tage später wird Berbers Sohn geboren.

– Juni 1982, wieder Sarajevo. Berber, Nebojša und ich feiern. Wir haben unser Diplom abgelegt. Berber war zu Kant angetreten (bei dem »brillanten« Professor Buha), Nebojša und ich hatten Ästhetik gewählt. Zu all dem hatte, in einem kleinen Dorf bei Foča, Nebojšas Sohn zu laufen begonnen. O Gott, wieviele Gründe zum Freuen!

– Juni 1992, Ort des Geschehens ist das bosnische Städtchen Foča. Die Ideologen spielen mit abgetrennten Menschenköpfen Fußball. Einigen Meldungen zufolge befindet sich auch mein Professor Buha unter ihnen. Als Ball mag ihm vielleicht auch der Kopf meines Freundes Berber oder der seines Sohnes dienen, desselben Jungen, der seine ersten Schritte machte, als sein Vater bei Professor Buha zur Diplomprüfung angetreten war. Ob Buha wohl damals schon die Möglichkeit erwog, Berbers moslemischen Schädel über das Fußballfeld zu kicken, während er mit ihm über Kant sprach? Ob dieser zivilisierte und geduldige Mann wohl damals schon von den verstümmelten Leichen seiner Studenten träumte und von Feuern, die ganze Städte verschlingen? Ob er ...?

P.S.

Dieses Postskriptum habe ich nicht an Professor Buha gesandt, hat das vergangene Jahr mir doch gezeigt, wie unsinnig es gewesen war, ihm diesen Brief zu schreiben; ich habe es auch nicht der sogenannten Welt geschrieben oder den Menschen, die in dieser Welt Entscheidungen fällen, denn mir ist klar, daß ethische Sensibilität und Verantwortung einfach keine Eigenschaften sind, mit denen man heute überleben kann. Ich habe das P.S. geschrieben, und gleichzeitig schicke ich den Brief an meinen Freund Berber, falls er zufällig noch am Leben ist, und an Nebojša, an Babić, an Jozić ... und an meine anderen Studienfreunde, die in alten Zeiten Professor Buha auf ganz andere Weise fürchteten, in der Hoffnung, daß wenigstens einer von ihnen irgendwann und irgendwie von meinem Brief und dem Postskriptum erfahren und sich überzeugen wird, daß er nicht falsch daran tat, damals mein Freund gewesen zu sein. Darum auch muß ich ihn veröffentlichen, trotz aller Privatheit. Ich muß es tun, denn ich glaube daran, daß Geschriebenes nicht brennt, und daß meine Worte zu jenen gelangen werden, an die sie gerichtet sind, bei aller Macht eines Professor Buha und seiner Beschützer in der westlichen Welt. Ich bin überzeugt davon, daß diese meine Nachricht zu meinen Studienfreunden gelangen wird, auch, weil ich nachts immer öfter mit denen, die nicht hier sind, den Abwesenden, den vielleicht Vertriebenen und Internierten, vielleicht Toten, spreche, und daher weiß ich, daß sie mich von unserem Professor Buha unterscheiden, auseinanderhalten. Ich gehöre zu ihnen und nicht dahin, wohin bloße Zufälligkeit mich hatte ansiedeln wollte. Und ich bin froh darüber, obwohl ich ahne, was es bedeuten kann, in diesen Zeiten so spät miteinander zu reden.

Lieber Patrick,

vor einigen Tagen habe ich mit Deinem Kollegen und unserem gemeinsamen Freund Zoran telefoniert. Er war sehr depressiv und fragte mich, ob wohl eine Möglichkeit bestünde, daß wir zusammenkämen und einen »Sarajevo-Abend« machten, nur für uns – ohne Strom, ohne Heizung und ohne Wasser, dafür mit viel Angst und etwas tief in uns, das ich Sensibilität nennen würde, da es uns alle so stark mit Sarajevo verbindet. Ich kann mir vorstellen, daß Dir genau so schwer zumute ist wie Zoran und mir, denn ich konnte mich davon überzeugen, daß Du, wie auch wir beide, die Lügen und den Zynismus der Politiker, die in Deinem Namen Verbrechen unterstützen, nur schwer erträgst. Wahrscheinlich fehlt Dir Sarajevo ebenso wie uns, vielleicht auf eine andere Weise, aber mit der gleichen Intensität. Deshalb schicke ich Dir diesen Text über eines unserer Erlebnisse in Sarajevo, in der Hoffnung, daß er wenigstens einen Teil Deiner Erinnerung an die Stadt erneuere, von der Du einmal gesagt hast, sie könne Dir Heimat sein.

Dies habe ich unlängst geschrieben, an einem Tag, da ich Sarajevo sehr gebraucht hätte, so wie Licht und Luft. Ich brauchte diese Stadt so sehr, so, wie ich hoffe, auch Du sie brauchst – jetzt und für immer.

Jetzt, da ich weit fort bin von meiner Stadt, scheint mir, daß ich sie am meisten in der Zeit der Fastentage, des Ramadan, geliebt habe. Da duftete schon in den frühen Nachmittagsstunden alles nach heißem Fladenbrot. Alle

Straßen und jedes Viertel, die Straßenbahnen und Busse waren vom Duft heißer Fladenbrote erfüllt, die nicht gegessen werden durften, bevor die Öllämpchen in den Moscheen angezündet waren. Dieser Duft nach heißem Fladenbrot aber, der schönste und wärmste, den es überhaupt gibt, der Duft von ferner Kindheit und dem Brot der Mutter, kündete die Ramadanabende von Sarajevo nur an. Er war lediglich einer von unzähligen Düften, welche die Stadt alljährlich in einen wundervollen, exotischen Garten verwandelten. Am späten Nachmittag, wenn damit begonnen wurde, das Essen für den Tagesausklang zu bereiten, entfaltete sich auch die besondere Duft-Orgie.

Die wundervollen Düfte von Essen, Scherbett, von Tees, Zimt und Gewürznelken vermischten sich mit dem Geruch von Duftstäbchen, frisch gebadeten Kindern und leicht parfümierten Frauen, die mit bunten Tüchern das Haar prachtvoll verhüllten. Ich war sicher, daß diese Tücher ein ganzes Jahr lang duften würden, bis hin zum nächsten Ramadan und der neuerlichen Explosion von Düften, und daß er von keiner Seife und keinem Waschmittel ausgewaschen werde könne. Ich habe das niemals geprüft, heute jedoch bin ich ganz sicher, das es gerade so gewesen ist.

Ich hatte auch eine sorgfältig ausgearbeitete Theorie zu diesen Tüchern, mit der es mir gelang, das Erleben der Welt und die Lebensweise der Frau herauszulesen, die das Tuch trug. Die erste und einfachste Kategorisierung war die, welche auf den Vermögensstand des Hauses hinwies, die Aufteilung nach der Art des Stoffes, aus dem das Tuch gemacht war. Da waren einmal die gewöhnlichen Baumwolltücher, mitunter ausgewaschen und ausgeblichen oder neu, mit klaren Farben, leicht gestärkt und sorgfältig gebügelt.Und allesamt waren sie ein Zeugnis von einem schweren Leben voller Entbehrungen. Danach kamen die synthetischen an die Reihe, die irgendwann vor langer Zeit aus Triest oder Venedig mitgebracht worden waren, mit den obligatorischen Motiven dieser Städte, dann die neueren, etwas teureren aus Kunstseide mit prachtvollen Farben und am häufigsten mit Blumenmuster. Zum Schluß kamen die seidenen (die ich am meisten mochte, und das nicht nur im Rahmen meiner Theorie, sondern ganz konkret und wirklich). Sie unterteilten sich in kleine, große, gewöhnliche und spezielle, handbemalte. Die wieder unterschieden sich in der Qualität des Gewebes, der Maltechnik, des Motivs, der Farben …

Mit den Tüchern konnte ich den Duft ausmachen, von dem die Küche einer Frau erfüllt war, und über den Duft konnte man alles übrige herauslesen. Freude und Trauer, Überfluß und Armut, Liebe und Gleichgültigkeit …

Jahrelang ergänzte und überprüfte ich mein aus Düften errichtetes Weltbild. Mittlerweile war ich erwachsen geworden und hatte selbst gelernt, einige dieser wundervoll duftenden Speisen zuzubereiten, und für das Scherbett hatte ich sogar mein eigenes, ganz privates Rezept. Für die staunenden (oder doch nur betont höflichen) Gäste ersann ich Geschichten über die Herkunft dieses ungewöhnlichen Rezeptes, das ganze Geheimnis aber lag einzig darin, daß ich es aus getrockneten Blütenblättern bereitete, die ich im Verlauf des Jahres bekommen hatte.

Als zum ersten Mal in den Fastentagen des Ramadan kein Duft von frischem Fladenbrot die Straßen und Viertel meiner Stadt erfüllte, wußte ich, daß etwas Furchtbares geschehen sein mußte. Statt des Zaubers der duftenden Abende begann eine neue, rohe und bis dahin unbekannte Herrschaft der Angst. Nichts ähnelte mehr dem, was früher war. Angst vor dem Unbekannten, aber Befürchteten, Angst vor der Angst, vor dem Tod, vor dem Hunger ... Hunderte verschiedene Ängste sammelten sich in einem, und nur gute Freunde bemerkten hier und da einen verlorenen Blick, eine unkontrollierte nervöse Bewegung oder eine gewisse Geistesabwesenheit. Von außen sah alles normal aus und doch war gar nichts mehr normal. Es war Ramadan; in den späten Nachmittagsstunden begann man, wie auch früher immer, das Essen für den Ausklang des Tages zuzubereiten, die Kinder wurden gebadet, die Frauen machten sich zurecht, doch es gab jene wundervollen Gerüche nicht mehr, nicht die feiertägliche Freude auf den Gesichtern der Menschen, nicht das Gedränge auf den Straßen in den Abendstunden, nicht die lebendigen Gespräche. Die Angst war stärker als alles andere geworden. Sie hatte jede Freude und Schönheit des normalen menschlichen Alltags zugedeckt.

Zum Beiram begann es. Man konnte das Pulver riechen, man hörte das Pfeifen der Kugeln. Die Straßen waren leer, die Menschen in den Häusern versammelt, schweigend in die Fernsehnachrichten vertieft, von denen sie Antwort auf die Frage erwarteten, wie lange all das dauern würde.

Eine Antwort gab es natürlich nicht. Erst recht konnte sie nicht vom Bildschirm kommen, unter anderem deshalb, weil die Stadt bald ohne Strom war. Die Menschen begriffen aber schnell, daß es eine Antwort auf diese Frage ganz einfach nicht gab. Niemand kannte sie, und niemand konnte sie kennen. »Es wird dauern, bis es aufgehört hat, und bis dahin gilt es zu überleben« sagten die Praktischsten.

Mit jedem Tag veränderte sich die Stadt. Viele gingen fort und hinterließen den Nachbarn die Wohnungsschlüssel und kostbare Erinnerungen. Sie glaubten an eine schnelle Rückkehr, und so fiel ihnen der Abschied auch nicht schwer.

An ihrer Stelle kamen andere Leute, die schreckliche Geschichten, Verzweiflung und den Geruch der Armut mitbrachten. Zu jener Zeit begannen die Frauen, die wertvollen Gardinen von den Fenstern und die dicken wollenen Kelims von den Fußböden zu nehmen und sie für bessere Zeiten beiseite zu legen. Die Häuser verloren, ebenso wie die Stadt, mit unglaublicher Schnelligkeit an Schönheit, Wärme und Sicherheit. Ganz zu Beginn fanden Fachmänner (aus dem Haus oder der Nachbarschaft) immer wieder sichere Orte in den Wohnungen, wo so gut wie keine Gefahr drohen sollte, dann aber raubten die viel praktischeren Frauen selbst auch jene letzte Illusion der Möglichkeit eines sicheren und geschützten Ortes. Auf einmal wurde alles nackt und kalt, unnütz, fremd und feindlich. Zimmer ohne Vorhänge und Teppiche, Küchen ohne den angenehmen Duft von selbstgemachter Suppe oder frischgebackenem Kuchen (und mit seltsamen, unbrauchbaren und äußerst unsinnigen Geräten und Maschinen), Badezimmer ohne den Duft von Parfüms oder Aftershaves, nur mit dem säuerlichen Gestank abgestandener Wasserreserven ... Eine Stadt ohne die liebgewordenen kleinen Backstuben, die vor Mitternacht zu duften begannen, ohne Konditoreien und Cafés, ohne die üppigen Blumenläden und die zerlumpten und schmutzigen kleinen Jungen mit den traurigen Augen, die in der Nacht durch die Cafés zogen und verwelkte Blumen verkauften, die sie auf dem Friedhof gestohlen oder in einem nahegelegenen Waldstück gepflückt hatten ... Eine Stadt ohne Straßenbahn und Bus, ohne Bäckerei, ohne Wasser und Strom ... Statt dessen nur Ruinen, Angst, Blut und Tod.

Mit der Zeit zerfiel diese Schreckensherrschaft der Angst ein wenig, und es entstand so etwas wie ein Leben mit einem gänzlich neuen Empfinden von Zeit, von Welt und ihren Werten. Zu den Grenzen dieser Welt wurden die Grenzen des freien Territoriums der Stadt, und die allergrößten Werte waren Nahrung und Wasser (ihr Wert änderte sich täglich und wurde sehr präzise berechnet), während so gut wie alles andere eine ausschließlich emotionale Wertigkeit erhielt. Im Zeitempfinden ging die Komponente des Zukünftigen gänzlich verloren. Mit der Zukunft rechnete niemand (sie bestand höchstens theoretisch), wirklich war nur die Gegenwart, nur dieser Moment, in dem wir noch immer am Leben waren. Jetzt, und dann vielleicht nie mehr. Die Zeit wurde nach dem Kriegsbeginn berechnet, danach, wann welcher große Granatenbeschuß gewesen war, wann jemand, wichtig oder lieb, ums Leben gekommen war, wann jemand, den man kannte ...

Und so, nach vielen großen Granatenangriffen, vielen Toden (von Menschen, die man gern hatte und die einem lieb waren, Bekannten und Unbekannten), Angst, Blut, Verzweiflung ... kam wieder der Fastenmonat des Ramadan.

Mir scheint, daß ich erst da gesehen habe, welchen Anblick meine Stadt und wir in ihr wirklich boten. Vergebens versuchte ich mir den Duft von heißem Fladenbrot zu vergegenwärtigen, auf meinen Wegen durch die verödeten Gassen, in denen sich ehemals die kleinen Backstuben versteckten, vor denen schon in den Nachmittagsstunden lange Schlangen nach den duftenden Broten angestanden hatten. Ich stieß auf Ruinen und verwunderte Blicke der seltenen Passanten, die gerade diesen gefährlichen Teil der Stadt durchqueren mußten. Vergebens hoffte ich, daß von irgendwoher wenigstens ein Ramadan-Tuch auftauchen und seinen Duft verbreiten würde. So schön und so warm wie einst.

Doch es war nichts mehr wie einst. Der Ramadan des ersten Kriegsjahres verlief im Zeichen verstärkter Granatenangriffe auf die Stadt, einer wachsenden Zahl von Toten und Verstümmelten, von traurigen und schmutzigen Kindern, die sich nach allem sehnten. Und vielleicht eben darum bestanden alle darauf, das wahre Leben und einige schöne Bräuche nachzuspielen. An den späten Nachmittagen begannen die Frauen, wie auch früher, das Essen für den Tagesausklang zu bereiten. Mit einem Male tauchten auch merkwürdige neue Rezepte auf. Man begann, Blätterteiggerichte und Schnitzel aus Reis zu bereiten, Kuchen mit bemerkenswert kleinen Mengen an Zucker, kleine Brötchen, die den Fladenbroten nachempfunden waren ...

Beiram stand vor der Tür. Der zweite Kriegs-Beiram. Es weckte mich eine Sonne, die so stark war, daß sie es durch die doppelte Plastikschicht der Fenster schaffte. Es war sonnig, warm und ungewöhnlich ruhig, und in der Luft spürte man das Nahen des Frühlings. Ich beschloß, diesen Tag wirklich feierlich zu begehen.

Es interessierte mich nicht, ob in die Stadt Granaten fielen und eine von ihnen mich zerreißen oder »nur« verstümmeln, ob ich von einem Scharfschützen getroffen würde, ob es mir gelingen würde, irgendwo Wasser zu finden, da meine Vorräte sich dem Ende zu neigten, ob ich ankommen, ob ich wissen würde ... Heute wollte ich feiern, den Krieg ignorieren, die Angst und den Schmerz, heute gab es keine Armut, keine Erniedrigungen, heute gab es weder traurige Kinder noch verzweifelte Mütter ...

Heute war ein Feiertag, und ich wollte ihn genießen. Ich wollte, daß mein Haus wieder zu einem warmen Heim würde, ich wollte schön und geliebt sein, eine ganz normale Frau und keine tapfere Bewohnerin Sarajevos.

Schon längst hatte ich die dicken Wollkelims auf die Fußböden zurückgelegt, die gestickten Gardinen an die Fenster gehängt. Jetzt waren sie schon ganz von Kugeln durchlöchert, ich hatte sie jedoch an einer Fensterseite mit einer Kette aus großen falschen Perlen gerafft, sodaß man die Löcher so gut wie gar nicht sah. Ich hatte auch die Bilder an die Wände zurückgehängt und dann die Fenster weit geöffnet, damit soviel Licht wie nur möglich herein käme. Während ich noch überlegte, was ich weiter tun konnte, um das Haus ein wenig zu verschönern, begriff ich, daß ohne Blumen alles vergebens wäre. Wo aber sollte ich die finden? Vielleicht war es noch zu früh, und Topfpflanzen habe ich nie gemocht. Sie werden einmal gekauft, oder man bekommt sie geschenkt, und dann halten sie sich wohl jahrelang (immer dieselben, und immer am selben Ort im Haus), ich aber wollte, daß es verschiedene waren, wollte immer wieder welche mit nach Hause bringen und mich immer wieder an ihnen erfreuen. Jetzt jedoch, im Krieg, würde ich sogar einen Blumentopf annehmen. Ich zog ein prachtvolles Kleid aus raschelnder Seide an (sodaß mich jede noch so kleine Bewegung daran erinnerte, daß ich nicht in der täglichen Kriegskleidung war), schminkte mich sorgfältig mit Resten letzter Reserven mit längst abgelaufenem Verfallsdatum, und es gelang mir sogar, ein paar Tropfen des längst vergessenen Parfüms zu finden. Es begleiteten mich die verwunderten Blicke der Nachbarn, es erwarteten mich die verlassenen Straßen. Es war zu friedlich, als daß man der Wirklichkeit dieses Friedens trauen konnte. Es war immer so vor den großen Granatenangriffen auf die Stadt.

Ich ging langsam, genoß die morgendliche Lichtflut, das Rascheln der Seide und meinen mutigen Entschluß, diesen Tag gänzlich anders zu verbringen als alle anderen Kriegstage des vergangenen Jahres. Ich besuchte wichtige Orte meiner Jugend und erinnerte mich lieber Menschen. Bei einigen wollte es mir nicht sofort gelingen, mich an ihr Gesicht zu erinnern, bei anderen an den Namen, sie waren mir hauptsächlich durch Ereignisse im Gedächtnis geblieben, die damals schrecklich und wichtig gewesen und heute nur unbedeutend und albern geworden waren. Ich erinnerte mich an Liebestragödien und erste heimlich gerauchte Zigaretten, dann aber wurden all diese Bilder einer heiteren Jugend von Bildern aus Todesanzeigen in Zeitungen ersetzt. Ich begann zu zählen, wen es alles nicht mehr gab. Viele waren gegangen, die Stadt zu verteidigen, und viele von ihnen fand ich auf der Liste der Toten wieder. Von anderen habe ich keine Nachrichten, und denen, die uns erreichen, will ich ganz einfach nicht glauben. Fast alle hatten auch Eltern und Kinder.

Ich wollte vor der Wahrheit und vor der Wirklichkeit fliehen, wollte ihnen wenigstens diesen einen Tag stehlen. Ich wollte den Festtag feiern und mich an ihm erfreuen. Was aber war mit meinen toten Freunden und ihren Familien? Kann es für diese überhaupt noch Festtage geben im Leben?

Unter Tränen machte ich mich auf den Rückweg. Wohin? Nach Haus, solange ich ein solches noch besäße. Unterwegs traf ich meinen Freund Patrick, einen Journalisten aus Paris. Wir hatten uns unmittelbar vor Neujahr kennengelernt. Sehr gut erinnere ich mich noch immer an unsere erste Begegnung, als wir uns im eisigen Büro festredeten und dann, beim Gehen, unsere steifgefrorenen Hände und Füße kaum noch bewegen konnten. In meinem Erleben blieb Patrick untrennbar verbunden mit den Feiertagen und der schrecklichen Kälte. Heute war wieder ein Feiertag, und mein Freund, der aus der »Stadt des Lichtes« kam, war erneut hier, hier in meiner traurigen und zerstörten Stadt.

»Warum hast du mir nicht eine Handvoll Licht mitgebracht«, frage ich ihn. »Weil es das auch dort nicht gibt. Nirgendwo auf der Welt gibt es noch Licht. Das sind alles nur deine Hirngespinste«, antwortete er. Ich erklärte ihm, daß heute Feiertag sei, und er sagte mir, daß er mir eine Tasche voller Modezeitschriften mitgebracht habe, da es ihm nicht gelungen sei, all diese komplizierten Modeströmungen zu behalten, nach denen ich ihn vor Neujahr ausgefragt hatte, wobei er verwirrt mit den Schultern gezuckt und versprochen hatte, sich zu erkundigen und mir zu berichten, wenn er wiederkäme.

Noch immer war es ruhig, und jetzt waren auch die Straßen schon belebt. Es waren viele Leute da, die dem Anschein nach einfach spazieren gingen. Ich erzählte Patrick vom alten Sarajevo, er erzählte mir vom nächtlichen Paris und von unseren Irrtümern im Zusammenhang mit dieser Stadt. Ich erzählte ihm von späten Spaziergängen, die vom Duft blühender Linden erfüllt sind, er redete über Politik. Und gerade als er mir seine Texte über den Krieg in Bosnien-Herzegowina nacherzählte, erblickte ich auf der anderen Straßenseite Blumen. Wirkliche, ganz echte Blumen in allen Farben. Ich schrie auf vor Glück, einige Passanten wichen erschreckt zurück, und der verwunderte Patrick fragte, ob ich wollte, daß er mir diese Blumen kaufe.

»Ja, natürlich will ich. Aber nicht nur die hier, ich will, daß du mir heute alle Blumen kaufst, die wir in dieser Stadt finden können«, sprach ich zu ihm, während ich, stolz, daß dieser Zauber eben wegen mir geschah, die Straße überquerte.

Es waren Plastikblumen. Täuschend echt angefertigt und grell gefärbt. Grabschmuck.

Es war eine furchtbare Nacht. Eine Nacht ohne Schlaf und voller Schmerz. Und voller Haß gegenüber Patrick, der nichts verstanden und nichts getan hatte, die Plastikblumen für die Gräber in echte zu verwandeln, sie mit Leben zu erfüllen und wenigstens für einen Tag zum Duften zu bringen, für eine Stunde nur. Warum war er überhaupt gekommen?

Der Gedanke daran, daß diese grell gefärbten und kunstvoll gefertigten Plastikblumen ewig halten und wir uns in dieser Stadt des Todes und der Toten vielleicht sogar an sie gewöhnen könnten, erfüllte mich mit Schrecken. Mit der Zeit wird nur diese grelle Farbe etwas verbleichen. Weiter nichts. In jener Nacht fürchtete ich mich vor dem kalten gefärbten Plastik, dem Blumenimitat, fürchtete Einsamkeit, Tod, Dunkelheit ... Und das einzige, was ich mir wünschte, war eine letzte, echte Blume. Egal, welche und egal, wie. Warum wollte sich niemand eine für mich ausdenken? Niemand, wirklich niemand. Alle tun so, als sei alles normal, in der Stadt aber gab es überhaupt keine Blumen, obwohl es Ende März war. Beiram, und die Fladenbrote duften nicht, nichts wird gekocht, die Kinder sind schmutzig, die Frauen nicht parfümiert ...

Während ich einzuschlafen versuchte, begann ich auf einmal zu spüren, wie ein angenehmer Geruch in das dunkle Zimmer drang. Ich erkannte den Duft von Wildrosen wieder, den ich als kleines Mädchen so geliebt hatte. Danach kamen auch Düfte von anderen Blumen. Ich erkannte die Blumen, die ich geliebt und die man mir jahrelang zum Geschenk gemacht hatte. Von Heckenrosen, von erblühten Akazien und kleinen, liebreizenden Alpenveilchen aus der Kindheit, den Duft von Hyazinthen, Bergen von Flieder, einem Wald aus Jasmin und einem Feld von Sonnenblumen (vergebens hatten alle jahrelang versucht mich davon zu überzeugen, daß Sonnenblumen keine richtigen Blumen wären), bis hin zu den zarten Anemonen, den üppigen Rosen aller Farben und den teuren Orchideen samt ihrer aufregenden Geschichte über die Entstehung der Regel, daß ein Mann sie nur einer einzigen Frau in seinem Leben schenken könne. Als würden sich alle Blumen, die ich im Leben bekommen hatte, in meinem dunklen Zimmer sammeln in jener Nacht, und mich ersticken. Ich wagte nicht, das Fenster zu öffnen, würde doch dann die schwarze, schwere Dunkelheit, die ich viel mehr fürchtete als diesen duftenden Tod, alles zudecken.

Am Morgen, als jemand an die Tür klopfte, träumte ich, daß mir der längst schon tote Freund aus der Kindheit einen riesigen Strauß, eigentlich einen ganzen Arm voller Plastikblumen brächte. Kunstvoll gefertigt und grell gefärbt, eben solche, wie sie am Tage vorher auf der Hauptstraße von Sarajevo verkauft wurden.

Zum Glück war es meine Freundin Dijana, die mir ein Geschenk zum Beiram brachte – eine Kriegsbaklava mit wenig Zucker und vielen Bröseln anstelle der Nüsse, und ihr schönstes Seidentuch, mit handgemalten Blumen, in denen ich Sonnenblumen wiedererkannte.

Lieber Azem,

schon ein Jahr ist vergangen, seitdem ich aus Sarajevo fortgegangen bin, aber noch immer ist das dort Verbliebene wirklicher und wahrhaftiger für mich. Hier in der Ferne lebe ich in einem Zwischenraum, fühle mich wie jemand an der Grenze, der ganz deutlich beide Seiten sieht, aber keiner von beiden zugehört.

Vielleicht muß ich Dir eben deshalb auch schreiben. Ich muß all jenes in Sarajevo wachrufen, um in mir das Gefühl der Wirklichkeit wiederherzustellen. Lieber Freund, ich schreibe Dir, obwohl ich weiß, daß Du diesen Brief nicht erhalten wirst. Vielleicht gäbe es sogar eine Möglichkeit, ihn Dir auf irgendeine Weise zukommen zu lassen, doch werde ich es gar nicht erst versuchen, weiß ich doch, daß es keinen Sinn hat. Wir sind einander heute fern, unsere Welten und unsere Sprachen haben sich voneinander fort bewegt. Erst hier habe ich begriffen, warum uns in Sarajevo unaufhörlich das Gefühl verfolgte, uns mit Leuten, die von außen, aus einer anderen Welt kamen, nicht verständigen zu können. Unsere Sprachen unterschieden sich, aber nicht im Sinne einfacher Wörterbuchbestimmungen mancher Worte, sondern, weil sich der begriffliche Inhalt unterschied, den wir den Worten zuschreiben. Der emotionale, der konnotative und auch jeder andere Inhalt unserer Worte bezog sich auf etwas völlig anderes. Als hätte sich die Welt geteilt in eine innere und eine äußere. Diese Aufteilung übertrug sich auch auf die Sprache, so daß beispielsweise unsere »inneren« Worte Brot,

Wasser oder Milch wirklich etwas ganz anderes bedeuteten als die gleichen Wörter derer »draußen«. Etwas Ähnliches ist nun auch mit uns beiden geschehen. Mit dem Verlassen der Stadt habe ich diese unsere innere Welt verlassen und wurde dir fremd und fern, lediglich eine der unzähligen Fremden, von denen es in Deiner Welt immer mehr werden. Für mich allerdings ist das überhaupt nicht so einfach. Ein Teil von mir ist noch immer in unserem Inneren, während der andere Teil längst draußen ist.

Eben deshalb wohl auch muß ich Dir diesen Brief schreiben. Nein, nicht Dir, sondern mir. Um zu begreifen, was da geschehen ist, daß ich mich gar nicht erst darum bemühe, daß Dich dieser Brief erreicht. Wenn Du noch immer in dieser Welt bist, wenn Du lebst und unversehrt bist, wirst Du ihn nicht verstehen. Ich fürchte, Du würdest ihn nicht einmal lesen wollen. Wenn Du aber dort bist, wo wir uns bestimmt begegnen werden, wo sich all jene von innen und von außen und von der Grenze verstehen können, so wird er schon jetzt, in dem Moment, da ich ihn schreibe, bei Dir sein. Du wirst ihn besser verstehen als ich selbst und Dich über ihn freuen können.

Dževad (Du erinnerst Dich, Du hast ihn kennengelernt, als wir beide im Staatlichen Krankenhaus geholfen haben) sagt in einem seiner Texte: »Sarajevo ist auf zweifache Weise von der Welt abgeschirmt – durch die Berge, welche die Stadt umsäumen, und durch die <u>mahale</u>, die Wohnviertel, die wie ein Panzer funktionieren, der vom Mittelpunkt der Stadt abgestoßen worden ist, um sie gegen alles Äußere zu schützen«.

Bis zum vorletzten Jahr haben jene Berge und Viertel Sarajevo vor dem Äußeren abgeschirmt und bewahrten es so hauptsächlich vor einem warmen Klima und sauberer Luft. Dann aber kam der Krieg, und wir entdeckten, daß unsere Stadt unter der Hand auch noch neue, ganz andere und weitaus gefährlichere Abgrenzungen gegen die Welt hinzubekommen hatte – sie fand sich in einer lückenlosen Umzinglung durch die Tschetniks wieder, innerhalb von vier (einige meinen sogar, es seien sieben) militärischen Ringen. In jedem Falle, auch wenn es »nur« vier sein sollten, sind sie absolut ausreichend, die ganze Stadt jetzt schon über zwei Jahre abzuriegeln und von allem Äußeren isoliert zu halten.

Die mechanisch geschlossene Stadt wandte sich zwangsläufig sich selbst zu; wir in ihr, verbunden durch die gemeinsame Bedrohung und durch das gemeinsame Bedürfnis, unser Sarajevo als wichtigen Teil der eigenen Identität zu bewahren, schufen auch ein gänzlich neues Erleben der Welt, ein neues System von (ethischen und allen anderen) Werten, eine neue Aufteilung der Wirklichkeit in unsere eigene, innere, die von Sarajevo, und in jene äußere, gewöhnliche ...

All dieses Neue nahm hauptsächlich in der Nacht Gestalt an, wir definierten es in der Dunkelheit (denn Kerzen gab es schon nach ein paar Monaten nicht mehr), in langen Gesprächen mit den Nachbarn, nach einem Tag, der ausgefüllt war mit der Suche nach Wasser und Nahrung, mit Nachdenken darüber, wie und wo man ein Feuer anzünden, ein Brot backen könnte, kurz, wie man überlebt.

Das zentrale Thema dieser Gespräche war das Verlassen Sarajevos. Aus der umzingelten Stadt kommt man schwer, sehr schwer und selten heraus, und über diejenigen, denen es gelang, wurde in der Stadt lange gesprochen und sinniert, abgewogen und abgeschätzt, warum und wie es angestellt worden war, wer wen mit sich genommen oder zurückgelassen hatte. Und vergessen und zurückgelassen wurden nicht nur teure Erinnerungen, das Zuhause, Teppiche und Bücher, sondern auch die Frau, die Mutter, der Vater, der Ehemann ... Man ging heimlich fort und über die Piste (nach draußen oder in den Tod) oder mit einer staatlichen Delegation und dem gesicherten Platz für die Rückkehr. (In diesem Fall wurde für gewöhnlich auch eine Liste der notwendigsten, aber doch kleinen und leichten Dinge angefertigt, die in jener Außenwelt zu kaufen wären.) Diese glücklichen (oder genauer, angesehenen und bedeutenden) Leute brachten uns aus der weiten Welt auch verschiedene Geschichten darüber mit, wie man uns dort versteht oder nicht versteht, darüber, daß einige von denen nicht einmal wüßten, wo dieses Bosnien oder dieses Sarajevo liegen. Es gab indes auch solche, die weder die Kleinigkeiten aus der Liste mitbrachten noch Zeitungen oder Geschichten. Sie brachten gar nichts mit, da sie ganz einfach nicht in die Stadt zurückkehrten; ihren gesicherten Platz im Flugzeug hatten sie großzügig einem anderen überlassen, der (mitunter monatelang) auf die Rückkehr gewartet hatte. Noch immer erinnere ich mich an die Geschichte vom Weggehen eines angesehenen und bedeutenden Universitätsprofessors. Ende des vorletzten Sommers fuhr der angesehene Professor für Internationales Recht mit einer staatlichen Delegation zu Verhandlungen. Als die Delegation zurückkam, war der Professor nicht dabei. Er war in jener Außenwelt geblieben, gemeinsam mit Frau und Kindern, die schon vor langem dorthin gelangt waren, unmittelbar zu Kriegsbeginn (oder etwas früher). In Sarajevo blieben seine Erinnerungen, das Zuhause, Bücher, die Studenten und die alten Eltern. Natürlich war das ein Weggehen, über das in Sarajevo viel gesprochen wurde, am meisten von den Studenten und Nachbarn, die jetzt die »wahren« Bedeutungen ihrer Plaudereien und den versteckten Sinn einzelner Äußerungen des Professors entdeckten. Sie begriffen, daß dieser Mensch doch nicht so klug war (wie sie bis dahin angenommen hatten), vor allem aber, daß er kein »wahrer« (mithin ethischer) Mensch war (wie sie ebenfalls geglaubt hatten). »Weggehen und die alten Eltern in der eingekesselten Stadt ohne Nahrung, Wasser und Strom zurücklassen, das kann nicht jeder. Man muß schon ein internationaler Fachmann sein, um das tun zu können« – so wurde in der Stadt geredet, und dann wurden auch die Worte eines neuen Gebetes formuliert: »Herr, gib uns, daß mein Sohn/mein Mann nur nicht zu einem internationalen Fachmann wird.«

Die ersten großen Kälteeinbrüche nahmen den Leuten das Interesse an dieser Geschichte. Man hörte auf, über den bedeutenden und angesehenen Professor zu sprechen, und an die Reihe kamen Gespräche über die Kunst des Feuermachens ohne Holz und Holzkohle, mit dem Frühling kamen dann auch neue Abreisen und neue Schicksale. Zurückgelassen, waren die alten Eltern in ihrer kalten Wohnung gestorben. Allein und von allen vergessen. Der einzige Sohn war weit, zu weit (hinter all den vier oder sieben militärischen Ringen), die Nachbarn auf der Suche nach Wasser, Nahrung oder einem Stück Holz zum Heizen. Ob sie erfroren sind, vor Hunger oder

Durst gestorben? Vielleicht aus Trauer oder Scham? Oder einfach nur gestorben? Niemand weiß, was wirklich mit ihnen geschehen ist, alle aber wissen, daß jener Professor für Internationales Recht auf ewig und allein wegen seines Weggangs aus der eingekesselten Stadt in Erinnerung bleiben wird.

Erinnerst Du Dich an die andere, lange kursierende Geschichte über die Abreise einer Bekannten von mir, einer Fachärztin für Gynäkologie, die ebenfalls mit ihrem Weggehen aus der Stadt in Erinnerung bleiben wird? Nur einen Tag, bevor das Schießen in Sarajevo begann, aß ich zum Beiram Baklava in ihrem schönen und prachtvollen Haus. Wir wußten, daß der Krieg in den nächsten Tagen beginnen würde (hatte Karadžić uns doch einen blutigen Beiram versprochen), doch wir taten so, als sei dennoch alles normal und hinge etwas auch von uns ab, wie zum Beispiel, daß wir uns nicht der Panik und der Angst überließen. Die Ärztin zeigte mir eine Seidenbluse, die sie sich an jenem Tag zum Geschenk gemacht hatte, während ihre Mitbürgerinnen panisch auf der Suche nach Konserven und Mehl waren, um Vorräte für schwarze Tage anzulegen. »Am wichtigsten ist es, ihnen nicht zu erlauben, dir deine Gewohnheiten kaputt zu machen, den weiblichen Luxus zu nehmen, die Freude zu zerstören und den Alltag zu vernichten« – sprach diese praktische und (so dachte ich) mutige Frau.

Diese Worte habe auch ich mir oft wiederholt, bei den Versuchen, irgendeine Form meines Alltags und das Recht auf etwas weiblichen Luxus zu erhalten (wenngleich in dem Maße, wie der Krieg sich hinzog, sich auch der Begriff von Luxus änderte, so daß er für mich zu Beginn noch in den teuren Parfüms aus geheimen Reserven bestand und sich schließlich aufs Zähneputzen reduzierte). Natürlich habe ich dies auch anderen Frauen gesagt, wieder und wieder, suchte sie zu überzeugen, daß Luxus für uns sehr wichtig sei und man auch im Krieg auf gar keinen Fall darauf verzichten sollte – daß er jetzt etwas anderes darstelle, habe gar nichts zu bedeuten.

Und dann erfuhr ich, daß gerade meine »Lehrerin« nicht so gedacht hatte. Sie hatte einmal gelernt, wie man leben sollte, und sie hatte nicht die Absicht, neue, andere Weisen in Betracht zu ziehen. Sie packte ihre Kleidung ein, ihren Schmuck, nahm alles Geld, das sie und ihr Mann in ihrer mehr als zwanzigjährigen Ehe gespart hatten, und fuhr davon. Sie ließ das Haus mit der modern eingerichteten Arztpraxis zurück, mit wertvollen Teppichen und Bildern. Sie ließ ihren Mann zurück und den zehnjährigen Sohn, ohne Kriegsvorräte an Konserven und Mehl, denn sie war ja der Panik und der Angst vor dem Krieg nicht erlegen, sie hatte eine andere Art der Verteidigung vor dem Feind ersonnen.

Abreisen und ähnliche Geschichten gab es noch viele, doch alle blieben sie gleichermaßen gut in Erinnerung. Nachts, in dunklen Zimmern, in Gesprächen, an denen die Menschen sich zu wärmen versuchten, wurden solcherlei Fortgänge aus der Stadt weitererzählt. Und wirklich überwogen, objektiv und statistisch überzeugend, solche Abreisen wie in diesen beiden Geschichten, hat doch eine große Mehrheit derer, die gegangen sind, jemand unendlich Wichtigen (und etwas unendlich Wichtiges), jemand Teuren und zu einem Gehörigen zurückgelassen (jemanden, den man sonst um nichts zurücklassen kann und darf), so daß keiner von ihnen vollständig gegangen ist. Von dort, aus jener von der Welt abgeschirmten Stadt, kann man einfach nicht vollständig und endgültig fortgehen.

Diese beiden Geschichten sind auch deshalb charakteristisch, da eben an sie zwei Wertvorstellungen gebunden sind, die damals in Sarajevo verworfen und als etwas ausgesprochen Negatives erlebt wurden. In jenen nächtlichen Gesprächen im unbeleuchteten oder nur von einer Öllampe erhellten Zimmer beendeten die Menschen ihre Gespräche über die Abreisen regelmäßig mit Sätzen, in denen sie Gott dafür dankten, daß sie nicht angesehen oder reich waren. Wie ist diese logische und zugleich ethische Werteumkehr zu erklären? Was war nur geschehen, daß die Menschen in einer Stadt in Reichtum und Ansehen etwas sehr Schlechtes zu sehen begannen? Geschehen ist, daß Ansehen oder Reichtum ein Verlassen von Sarajevo ermöglichten, wo das Leben zu jener Zeit so schwer war (und den Berichten zufolge, die jetzt kommen, ist es noch immer nicht viel besser), daß von Leben eigentlich nicht die Rede sein kann. Dort führte man ein Dasein an der Grenze des Existenzminimums oder sogar darunter, dort gab es keinerlei Morgen, es gab keine echten Abmachungen, Versprechungen ... es gab nur ein Jetzt. Alles andere gehörte jenem »wenn ich überlebe (und wenn ich unversehrt bleibe, und wenn ...« und so unzählige ›Wenns‹) an. Das zu ertragen ist wahrlich nicht leicht. Ansehen und Reichtum brachten die Versuchung, in eine »neue Zukunft« zu gehen, der ständigen Prüfung jener persönlichen Grenzen des Erträglichen (psychisch wie physisch, versteht sich) zu entfliehen und die Bilder von

Angst, Blut und menschlicher Hilflosigkeit zu vergessen. Ansehen und Reichtum wurden zum Zauberstab aus dem Märchen, und die Zauberformel wurde plötzlich gesprochen, unvermutet und wie zufällig. Dann ging man fort.

Doch mit diesem Fortgehen verlor man einen wichtigen Teil der Identität, etwas Wertvolles, etwas Schicksalhaftes. Wir, die blieben, begriffen jedes Fortgehen als Handlung einer minder wertvollen Persönlichkeit, als Verrat und schweres ethisches Vergehen. Natürlich bedarf dies keiner besonderen Erklärung. Sarajevo ist einer qualvollen, häßlichen und groben Aggression ausgesetzt, und jemanden zurückzulassen, der bedroht ist (denn Sarajevo ist wirklich jemand und nicht etwas) und sich zu verhalten, als gehe es einen nichts an, ist wirklich ein schweres ethisches Vergehen. Dank der Tatsache, daß sie keine soziale Reputation oder Qualität besaß, die man im sozialen Wertesystem erreicht (Reichtum zum Beispiel), kam die überwiegende Mehrheit der Einwohner dieser Stadt gar nicht erst in Versuchung fortzugehen.

Diejenigen, die überhaupt nicht heraus konnten oder nicht einmal darüber nachdenken konnten, da sie nichts zum Leben gehabt hätten in jener neuen äußeren Welt, konnten auch weder ihre ontologische Qualität aufgeben (eine der Konstituenten ihres Wesens ist die Zugehörigkeit zu Sarajevo), noch konnten sie ihr ethisches Wesen, das älter ist und schwerer wiegt als das soziale, verlieren. Diese ethische Bestimmung ist zugleich auch eine schicksalhafte Notwendigkeit, sodaß sich in ihrer existentiellen Situation der Traum der klassischen Moralisten verwirklichte – die ethische Schuld ist gleichzeitig ein ontologisches Diktat, das alles Ethische ontologisch begründet.

Aufgrund all dessen entstand zwischen den beiden Arten der Stadtbewohner – jenen, die fortgehen, und jenen, die bleiben – eine paradoxe Beziehung wechselseitigen Neids: diejenigen, die gingen, bedauerten jene, die blieben und beneideten sie sehr, und jene, die blieben, verachteten diejenigen, die fortgingen und beneideten sie ebenso sehr.

Als ich das erste Mal ernsthaft ein Fortgehen aus Sarajevo erwog, kam ich, um mit Dir darüber zu sprechen, mein lieber Freund. Mir schien, nur Du allein könntest mich verstehen, konntest doch nur Du die Angst und den Schrecken, die Trauer und die Erschöpfung in meinen Augen lesen. Vor Dir mußte ich nicht vorgeben, »groß und stark« zu sein und alles zu können. Noch immer erinnere ich mich gut an das geheimnisvolle Lächeln auf Deinem Gesicht, mit dem Du mich empfangen hast. Du hast erst lange geschwiegen, und mir dann ganz stolz mitgeteilt, daß Du ein wertvolles Geschenk für mich hättest. Es war in der Tat wertvoll – eine wirkliche, echte Schokolade, eingewickelt in glänzendes, buntes Papier. »Da hast Du eine logistische Schokolade, gegen Trauer und Tränen«. Ich wußte, daß ich es Dir sofort sagen mußte, ich wußte, daß ich diesen wundersamen Moment freundschaftlicher Liebe und Unterstützung verderben mußte, wußte, daß ich fortgehen mußte, denn ich konnte die Angst und die Verzweiflung nicht mehr verdecken, konnte keinen Schritt mehr aus dieser in die Welt der Literatur machen und dann nicht mehr hierher zurückkehren, konnte die kindliche Trauer nicht mehr ertragen.

Von da an tat sich zwischen uns eine Kluft auf. Du wolltest mich überzeugen, zu gehen und ein normales Leben zu versuchen. Du wolltest mich auch davon überzeugen, daß Du mich beneidest, doch ich wußte, daß Du mich noch viel mehr verachtest. Du hast mich um das Fortgehen beneidet, und Du hast mich deshalb verachtet. Ich beneidete Dich um Dein Bleiben, und es schmerzte mich, daß ich teure Erinnerungen zurückließ, das Zuhause, Bücher, die Freunde. Dennoch sahen und unterhielten wir uns täglich, wurden einander dabei immer ferner, wurden Menschen aus verschiedenen Welten. Ich war noch immer da, inmitten der Granaten und Scharfschützen, in der eingekesselten Stadt ohne Wasser, ohne Strom ... doch für Dich war ich schon jemand anderes, Fremdes, Fernes.

Und Tag für Tag wiederholte sich die absurde Situation, daß Du mich tröstetest und zu gehen überzeugtest. Wir beide wußten, daß mein Fortgehen eigentlich eine ausgemachte Sache war, daß ich mich entschieden hatte und daß ich gehen würde. Wir wußten jedoch auch, daß weder Du und erst recht nicht ich mir dieses Fortgehen jemals verzeihen würden. Es blieb »nur« noch, sich voneinander zu verabschieden, aber das sollte irgendwie normal sein, so, daß wir den beiderseitigen Neid ersticken, Deine Verachtung aus dem Weg räumen konnten und meinen Schmerz und meine Verzweiflung.

Erinnerst Du Dich noch an jenen Tag, als Dir ein endgültiger Grund für mein Fortgehen einfiel? Wir saßen im Keller eines Gebäudes, um das herum gerade die Granaten niedergingen, und Du zitiertest mir die Worte meines Freundes Zoran Filipović: »Geh und vergiß. Dies ist eine Stadt, in die selbst die Vögel nicht mehr zurückkehren werden.«

Ich weiß nicht, ob Du Dich noch immer an meinen Freund Filipović erinnerst? Das ist jener Publizist und Fotograf aus Zagreb, der einmal behauptet hat, daß es Sarajevo nicht mehr gäbe, daß selbst die Vögel nicht mehr zurückkehren könnten, da es keine Bäume mehr gibt, auf denen sie ihre Nester hatten. Diese Aussage erlebte ich wie einen starken Schlag auf den Kopf, oder, genauer, wie die Detonation einer Granate, die ganz in der Nähe einschlägt. Ich glaubte ihm, und ich haßte ihn dafür, daß er die Wahrheit aussprechen konnte, die auch wir alle sehen, der wir aber nicht zustimmen können.

Du hast ihm nicht geglaubt. Als Antwort auf diese Aussage hast Du mir tagelang von unserer Stadt erzählt (sehr viel später hast Du zugegeben, daß Du all dies von einem alten Nachbarn gehört hattest, mit dem Du die Kriegszigaretten geteilt hast, während er mit dem Erzählen die Angst abtötete). Du hast behauptet, Sarajevo sei eine glückliche Stadt, das einzige Unglück, das ihr vor diesem heutigen zugestoßen sei, wäre Prinz Eugen von Savoy mit seinen Truppen gewesen. »Und die Vögel sind zurückgekehrt« – hast Du gesagt. »Die Vögel und die wahren Menschen wußten immer in diese Stadt zurückzukehren. Nur Fremde wissen das nicht. Dein kluger Freund ist ein mutiger und wunderbarer Bursche, und dennoch nur ein Fremder. Vor wenigen Tagen noch konnte er ins Kino gehen, mit der Straßenbahn fahren, zum Fußballspiel gehen.« »Ja, wirklich« – antwortete ich, »stell Dir vor, Du würdest einfach in einen Laden gehen und Dir eine Schokolade kaufen. So eine richtige, mit Trauben, Haselnüssen und Erdnüssen ...«

Die Granaten haben wir überlebt. Und wir vergaßen sie, sobald sie vorüber waren, so wie auch sehr vieles vor und nach ihnen. Den Satz aber, daß die Vögel nicht in unsere Stadt zurückkehren würden, konnten wir ganz und gar nicht vergessen, nicht einmal aus unseren Gedanken vertreiben.

Jetzt, fern von Sarajevo, bin ich mir sicher, daß Filipović nicht recht hatte. Ich glaube auch nicht, daß er selbst noch immer so denkt. Ich sehe ihn selten, doch ich weiß, daß er seitdem viel häufiger nach Sarajevo ging als ins Kino oder zu Fußballspielen. Du jedoch, mein lieber Freund, bist noch immer dort. Ob Du wohl auch heute glaubst, daß die Menschen zurückkehren werden? Vielleicht behaupte ich das ja nur, weil mir hier so schrecklich zumute ist? Vielleicht ist das meine Verteidigung gegen den Wahnsinn, oder bin auch ich, jetzt schon, nur noch eine Fremde, die ins Kino gehen, mit der Straßenbahn fahren oder zu Fußballspielen gehen kann? Ein Fremder kann auch Schokolade kaufen, wenn ihn die Erinnerung an jene vergangene, wertvolle Schokolade, eingewickelt in glänzendes, buntes Papier, nicht schmerzt. Die Schokolade gegen Trauer und Tränen.

Glaubst Du noch immer, daß Sarajevo eine glückliche Stadt ist? Hoffst Du, hast Du die Kraft, etwas zu wünschen ...?

Kannst Du mir glauben, wenn ich Dir sage, jetzt weiß ich, daß die Menschen zurückkehren werden? Sie werden in ihre Stadt zurückkehren wollen und zurückzukehren wissen. Ich kann Dir das jetzt und von hier aus nicht erklären, ich will Dir nur sagen, daß ich jeden Tag, jede Nacht, unaufhörlich diese Worte wiederhole. Ich wiederhole sie wie eine Bitte, einen Wunsch, eine Hoffnung, ein Gebet, einen Schwur – daß die Menschen nur zurückkehren mögen, und mit ihnen werden auch die Vögel kommen.

P.S.

Ich habe es nicht vergessen, aber brieflich ist es mir nicht möglich, Dir zu sagen, ob ich mich noch immer vor der großen Dunkelheit fürchte. Statt dessen muß ich Dir gestehen, daß ich unablässig zu Gott bete, daß Du leben mögest, und daß ich Deine logistische Schokolade für die Begegnung mit Dir aufbewahre. Eines Tages in Sarajevo.

An Amina in Sarajevo, die dort nicht mehr lebt

Meine liebe kleine Freundin,

so viel Zeit ist seit unserem letzten Treffen vergangen, und erst jetzt schreibe ich Dir. Jetzt, da ich weiß, daß Du nicht mehr in Sarajevo bist, schreibe ich Dir meinen ersten Brief und bitte Dich, mir zu verzeihen, daß ich mich so lange nicht gemeldet habe. Ich weiß, daß es schrecklich für Dich war. Einige Leute, denen es gelungen war, aus Sarajevo herauszukommen, erzählten mir, daß Du nach meinem Fortgang tagelang geweint hast, daß Du monatelang mit niemandem sprechen und selbst die große, wunderschöne Barbiepuppe, die zu schicken mir gelungen war, nicht annehmen wolltest.

Als Du kurz darauf erfahren hast, daß einige Gruppen von Kindern aus Sarajevo evakuiert würden, da hattest Du gewünscht, mit ihnen zu gehen. Du wolltest in der Gruppe sein, die »weit, am weitesten, irgendwohin, wo es immer warm und wo immer viel Licht ist«, fortgehen sollte.

Und da hast Du alles erfahren. Du hast das Geheimnis aufgedeckt, welches wir alle um Dich herum so lange und so gut gehütet hatten. Eine fremde, unbekannte Person schrieb in die Benachrichtigung hinsichtlich Abfahrtszeit und -ort, daß »Amina, 10 Jahre alt, Schülerin der dritten Klasse der bosnischen Grundschule, Kriegswaise ohne beide Elternteile und ohne engere Familienangehörige, die für sie zu sorgen in der Lage wären, nach Pakistan reist, auf unbestimmte Zeit, bis zur Beendigung des Krieges in Bosnien«.

Ich weiß, meine Schöne. Vor nur zwei Jahren war alles anders. Du warst glücklich und bist geliebt worden. Du bist zur Schule gegangen und hast zu den besten Schülern gehört, du hattest ein eigenes Zimmer, wo gemeinsam mit Dir Deine Puppen und die Märchenbücher wohnten, die Du geschenkt bekommen hast, als Du Lesen lerntest. Natürlich hattest Du auch Eltern. Ich erinnere mich, wie Du mir erzählt hast, Dein Papa sei der beste und schönste Papa auf der Welt, und Du würdest ihm im Aussehen sehr ähneln.

Dann aber geschah etwas Schreckliches, etwas, das sich so ganz und gar nicht in Dein und in das Leben Deiner Eltern fügte. In der Stadt wurde geschossen, es fielen Granaten, Menschen kamen ums Leben. Das Leben wurde etwas gänzlich anderes. Und nur zwei Jahre nach diesen ersten Kugeln und Granaten hieltst Du die Benachrichtigung über die Abreise in das ferne Pakistan in den Händen. Du warst nur eines aus der großen Zahl von Kindern ohne Eltern, ohne Zuhause, ohne Liebe, ein Kind mit ungewisser Zukunft. Du hattest einen Splitter im Knie, eine alte gebrechliche Großmutter, bei der Du lebtest, schmerzliche Erinnerungen und viele, viele Wünsche. Bis vor kurzem hattest Du auch eine große und wichtige Freundin. Dann aber ist auch sie gegangen.

Alles Schöne und Wichtige hast Du in diesem Krieg verloren. Zuerst die Freundinnen, die gleich zu Kriegsbeginn gemeinsam mit ihren Müttern die Stadt verließen, danach die Puppen und die Märchen, dann den Vater, der in den Kampf gezogen war. Jetzt weißt Du auch um die Mutter.

Man hat es Dir nicht gesagt, aber sicher weißt Du, daß es an jenem stillen, späten Winternachmittag geschah, als es zu schneien begonnen hatte, der erste Kriegsschnee, über den einzig die Kinder sich freuten. Ihr beide wart nur hinausgegangen, um ein paar der ersten Flocken einzufangen. Es war still, friedlich und schön. Dann aber fielen Granaten. Die Mutter kam ums Leben, Du wurdest schwer verletzt.

Niemand hatte die Kraft, es Dir zu sagen. Im Krankenhaus sagten sie, die Mutter sei irgendwo im Ausland, zur ärztlichen Behandlung, und daß sie zurückkäme, sobald die Stadt von der Blockade befreit sei. Deine Großmutter, die Lehrerin, Faruk – der Vater Deiner Schulfreundin, die längst fortgegangen ist, die Ärzte, ich – Deine große und wichtige Freundin ... wir alle erzählten Dir von der Behandlung der Mutter, dort in der weiten Welt, und von der baldigen Genesung. Wir wußten nicht, wie wir es Dir sagen sollten, wollten Dich wenigstens ein wenig vor der rohen Wirklichkeit bewahren, und wenn auch nur so, daß wir alles auf eine andere, wohl bessere Zeit verschoben, in der Du es leichter ertragen würdest. Gemeinsam mit Dir träumten wir von diesen besseren Zeiten, erzählten Dir Geschichten, in denen wir um nichts in der Welt Schnee erwähnen durften, den Du so haßt, sind in Deinen Erinnerungen jene ersten Flocken doch auf immer mit dem Lärm der Granaten verschmolzen und mit dem schrecklichen Schmerz, der ihm folgte. Und jetzt auch mit dem Tod der Mutter.

Meine liebe Amina, bitte sei nicht böse auf mich.

Du kannst nicht einmal erahnen, wieviel Kraft es mich kostete, die Tränen in meinen Augen vor Dir zu verbergen, heiter zu sein und neue Geschichten für Dich und alle anderen Kinder zu ersinnen, die in Krankenhäusern oder Kellern untergebracht waren. Immer freudiger habt Ihr mich erwartet, mir von all dem Verlorenen erzählt und mir Eure kleinen Geheimnisse und großen Träume anvertraut. Ich habe Euch versichert, daß Vater oder Mutter bestimmt zurückkämen, versprach eine große Kiste Spielzeug und einen Berg Schokolade. Doch ich brachte lediglich neue Geschichten und die immer dürftiger versteckte Trauer mit.

Immer häufiger weinte ich, eingeschlossen im finsteren, schmutzigen Büro, dann ging ich nach Hause, um auch dort wieder groß und stark, heiter und mutig zu sein. Ich wurde in der Hoffnung wach, daß mir eine gute Fee in der Nacht den Berg schmutzigen Geschirrs abgewaschen hätte oder daß doch wenigstens Wasser gekommen wäre, damit ich selbst es tun könnte, und ich legte mich mit dem schmerzlichen Wunsch nieder, sie möge mir im Traum die Zauberformel zuflüstern, mit deren Hilfe ich den Kindern die Spielsachen erschaffen könnte, die ich so oft versprochen hatte.

Am Tage sah ich Euch – regungslos, traurig, verschreckt und ohne Lächeln. Es hat mir weh getan, daß ihr vergessen hattet, wie man spielt, und nicht mehr an Märchen glaubtet. Alle Jungen, die ich kannte, sammelten Stücke explodierter Granaten, diskutierten leidenschaftlich darüber, ob man auch im Krieg zur Schule gehen und lernen müsse, alle kannten sie einen tapferen und bedeutenden Kämpfer, der ihnen gerade vertraulich von der militärischen Situation und den Aussichten auf eine Beendigung des Krieges erzählt hatte. Aber alle, wirklich alle, Mädchen wie Jungen, große und kleine gleichermaßen, wünschten sich nichts sehnlicher als neue Spielsachen: einen Ball, eine Eisenbahn, viele, viele große, bunte Murmeln (so viele, daß niemand sie zählen könnte), eine neue Puppe mit vielen verschiedenen Kleidern. Und während Du mir, wie die anderen Mädchen, von den Puppen erzählt hast, die Ihr Euch gewünscht habt, erkannte ich in jeder von Euch mich selbst wieder, erkannte in Euren Träumen die meinen.

Ich weiß, daß es Dir schwer fällt, das zu glauben, aber auch ich träumte als kleines Mädchen davon, viele, viele wunderschöne, tolle Puppen zu besitzen. Natürlich gab es ihrer in Wirklichkeit viel weniger, und überhaupt waren sie nicht so schön und toll. Einige waren sogar häßlich, wie etwa die aus Flicken. Am häufigsten hatte mir meine Mutter solche gemacht. Ich erinnere mich, daß sie plump waren, mit unregelmäßigen Armen oder Beinen, mit albernem, aus Wollresten gefertigtem Haar und ungeschickt zusammengefügt.

Als ich Lesen lernte und die Welt der Märchen entdeckte, begann ich, meine Puppen nach Feen und wunderschönen Prinzessinnen zu benennen. Natürlich mußten sie auch so aussehen, und so wurden diejenigen, welche ich fortan bekam, immer schöner, immer strahlender und zahlreicher, beinahe so, wie ich sie als ganz kleines Mädchen erträumt hatte. Die ungeliebten Fetzenpuppen verschwanden damals gänzlich aus meinem Leben, ja selbst aus der Erinnerung. Jene schönen bewahrte ich lange auf, und noch länger behielt ich sie in Erinnerung.

Als ich größer wurde, entdeckte ich neue Bücher und Geschichten, die etwas anders waren als Märchen, ich träumte neue Träume, in denen es überhaupt keine Puppen gab. Dann aber hast Du mich erneut an sie erinnert, und ich begann in jenen Kriegstagen wieder, mir viele, viele wunderschöne, tolle Puppen zu wünschen. So viele, daß ich jedem Mädchen von Sarajevo wenigstens eine schenken könnte. In Wirklichkeit jedoch gab es sie überhaupt nicht, und so fertigten wir sie in Gedanken und versuchten dann, sie in unseren Gesprächen mit Leben zu erfüllen.

Erinnerst Du Dich, wie wir ihnen Namen gaben, Schicksale ausdachten, ihnen eine schöne, friedliche Zukunft ohne Kriege und Armut schenkten und versprachen, daß sie nie, niemals häßlich und gewöhnlich würden?

Meine liebe Freundin, von Dir, die Du so klein bist, habe ich viel gelernt. Ich habe alles über Puppen und über kleine Mädchen gelernt, die ohne sie leben müssen. Und dann habe ich noch etwas gelernt, was mir kein einziger Autor, der sich mit dem Begriff des Schönen befaßt hat, je gezeigt hat. Dank Dir habe ich eine besondere Art von Schönheit entdeckt, wie sie mit viel Liebe hergestellte Gegenstände besitzen. Scheinbar albern und häßlich, sind sie in Wirklichkeit wunderschön. Die schönsten. Und die wichtigsten.

Gut erinnere ich mich an den Tag, an dem Du mich das gelehrt hast. Ich erinnere mich an jeden seiner Momente, an jedes Wort, das Du gesprochen hast, Deine Gesichtsausdrücke, die gemeinsamen Tränen, die Trauer, den Schmerz ...

Es war ein etwas ruhigerer Kriegsmorgen. Du bist in jenes Zimmerchen gekommen, das ich so stolz Büro nannte. Du wußtest, daß Dein Besuch mich ziemlich überraschen würde, denn noch immer fiel Dir das Gehen schwer, auch war der Weg zu jenem kalten und finsteren Büro sehr gefährlich. Damit die Überraschung nicht etwa in Ärger über Dein Unternehmen umspringe, hast Du Dich sofort eng an mich gedrückt und begonnen, Dich neugierig im Büro umzuschauen. Deinem Blick folgend, war es, als würde auch ich all dies zum ersten Mal sehen. Die großen Fenster der gesamten Wand wiesen zur Straße, einer der gefährlichsten in unserer Stadt. Anstelle des Glases war eine undurchsichtige Plastikfolie gespannt, auf der UNHCR geschrieben stand. Flicken aus dunklem Klebeband verdeckten den Globus und die unter die Buchstaben gezeichneten Ölzweige. Und es hatte den Anschein, als würden gerade die Ölzweige die Splitter am meisten anziehen. Die Zweige der Olive als Zielscheibe. Jemand wird das als Friedensbotschaft lesen. Oder als einen Sonnenschimmer, den dieser Baum in sich aufgesogen hat?

Erst an jenem Morgen bemerkte ich, wie jämmerlich all das anzusehen war. Finster, traurig, schmutzig, mit dem durchdringenden Geruch von Verwahrlosung und Armut. Und den Spuren einer ehemals verschwenderischen Schönheit, die in diesem Moment störten, die verletzten und Übelkeit, Angst oder Verzweiflung hervorriefen. Dazwischen bist Du gestanden, meine kleine, wunderschöne Freundin in diesem Krieg. Ohnehin klein und schmächtig, hast Du Dich gänzlich in der viel zu großen gespendeten Jacke und in den Gummistiefeln verloren. Von Dir sah ich lediglich die großen, strahlenden braunen Augen, von denen ich so oft träume. Ich spürte auch den Arm, mit dem Du mich umfaßt hast, dann begriff ich in einem kurzen Moment, daß ich nur einen Arm von Dir auf mir ruhen spürte. Panik überkam mich, Angst, Verzweiflung. Irgendwie gelang es mir, den Aufschrei zu unterdrücken, und ich begann, auch die andere Hand zu suchen. Langsam, zärtlich, um Dir nicht weh zu tun, falls sie … Nein, sie war es nicht. Sie konnte nicht, sie durfte nicht! Gegen die Tränen konnte ich nicht ankämpfen, dann entdeckte ich endlich, daß Du in der anderen Hand etwas verborgen hieltest.

Ich streckte die Arme aus, um Dich zu halten, doch da, in dem Moment, da Dein Geheimnis entdeckt war, hast Du Dich von mir losgerissen, wohl in dem Wunsch, das Vorzeigen jenes versteckt gehaltenen Gegenstandes hinauszuzögern. Dann prustete ein Lachen los, das abgehackte und zu laute Lachen, mit dem man etwas verheimlicht. Da war nichts von einem heiteren, freudigen Kinderlachen.

Ohne im Lachen innezuhalten, hast Du versucht umherzuhüpfen, Du hast die schmutzigen und löchrigen, von uns ganz vergessenen Gardinen beiseite geschoben und einen durchlöcherten Ball und einen zerbrochenen Regenschirm gefunden. Es hatte den Anschein, als würdest Du Dich über all das freuen, als gelänge es Dir, diesem Plunder Körnchen von etwas Schönem und Aufregendem abzugewinnen.

Nach dem Lachen bist Du ins Erzählen gekommen. Erinnerst Du Dich an Deine Begeisterung darüber, wie wir, mit Hilfe dunklen Klebebands, getupfte UNHCR Fenster bekamen? Und es gefiel Dir ebenso, daß wir die

Gardinen nicht abgenommen hatten. Derart zusammengeschoben würde man sie letztlich gar nicht sehen, dann aber käme ein Windstoß und ließe sie ganz auseinanderfahren. Und aus dem alten Ball plantest Du eine komische Narrenkappe zu machen.

Alles, aber auch alles hast Du als Spielzeugmaterial gesehen oder als Anlaß, ein Spiel zu ersinnen. Das einzige, das nicht in Betracht kam, waren die wertvollen Plastikkanister und die kleinen Wassereimer.

Als Du müde warst, hast Du Dich hingesetzt, den Kopf an meine Brust gelehnt und dann die Hand mit dem versteckten Gegenstand aus der Jacke gezogen und ihn mir gereicht.

Es war eine zerknautschte, bräunliche Papiertüte. Und darin – eine Puppe. Eine schöne, kleine Flickenpuppe. Sie hatte rotes Haar aus Wollfäden, gestickte blaue Augen, ungleiche Arme und Beine. Sie war ganz und gar plump, grob mit dickem weißem Faden vernäht. Aus der Erinnerung tauchten die längst vergessenen Flickenpuppen auf, die meine Mutter mir gemacht hatte. Auch sie hatten solches aus Wolle gefertigtes Haar. Und blaue Augen. Wahrscheinlich haben alle Flickenpuppen der Welt blaue Augen und sehen so schön aus. Ja, schön. Bislang hatte ich selbst nicht gewußt, daß sie schön sind. Sie waren mir häßlich und albern vorgekommen, gewöhnlich und unnütz. Nicht einmal geahnt hatte ich, wieviel Liebe in jeden ihrer Teile hineingearbeitet war, in jeden der Flicken, die zusammengefügt werden, damit am Ende eine Puppe Gestalt annehme, die demjenigen ähnle, dem diese Puppe zum Geschenk gemacht wird. Und den man liebt. Vielleicht über alles auf der Welt. Dies begriff ich, während

Du mir erzählt hast, wie Du die Puppe für mich gemacht hast. Zuerst hast Du tagelang Flicken gesammelt, von denen es im Krieg einfach keine gibt, da niemand etwas näht. Dann hast Du Faden gesucht, eigentlich zwei Sorten von Fäden: gewöhnlichen, weißen oder schwarzen zum Nähen, und jenen blauen, für die Augen. Am schwierigsten indes war es, etwas zum Füllen der Puppe zu finden. Du hast mir erklärt, daß Arme und Beine mit Flicken gefüllt würden, für das Übrige jedoch müßte etwas Festeres gefunden werden. Etwas in der Art winzig kleiner Steinchen, kleiner Perlen einer Kette, Knöpfe, Kerne, Reis ... Von all dem war es Dir gelungen, eine Tüte Reis zu finden, von der Deine Großmutter möglicherweise gar nicht wußte, hast Du sie doch nicht in der Küche, sondern unter Deinem Bett gefunden. Du hast nur die halbe Tüte verbraucht, die andere Hälfte hast Du gut versteckt. Du hast mir gesagt, du würdest sie für eine weitere Puppe brauchen, denn eine ebensolche Puppe würdest Du auch für Deine Mutter machen wollen. Du hast Dich gefreut, daß Du genug Flicken hattest, weißen Faden zum Nähen und Reis zum Füllen. Es fehlte nur noch etwas braune Wolle für das Haar und brauner Faden für die Augen. Du hast gehofft, daß die Blockade über die Stadt nicht früher aufgehoben werden würde, bevor Du all dies gefunden hättest.

Du hast mir auch die von der Nadel zerstochenen Finger gezeigt, dann hast Du mir mit viel leiserer Stimme die Puppen beschrieben, die Du gerne selbst bekommen würdest. Du wolltest wieder viele, viele verschiedene Puppen haben. Aber richtige, schöne Puppen, und nicht solche häßliche und dumme, wie die, die Du für mich gemacht hattest. Und Bücher wolltest Du gerne wieder haben. Viele Märchenbücher, die Du am Tage lesen würdest, solange man noch sehen könnte. In der Dunkelheit würdest Du mit Deinen wunderschönen Puppen spielen, und Du würdest nicht einmal dann Angst haben, wenn die Kerze abgebrannt wäre oder die Ölfunzel erlöschte: dann schließt Du nur Deine Puppen in die Arme und gehst schlafen. Noch immer erinnere ich mich an alles, was Du mir über Puppen erzählt hast. Ich habe mir gut gemerkt, daß die schönste Puppe der Welt Barbie heißt. Sie sei wunderschön und strahlend, darüber hinaus habe sie auch viele verschiedene Kleidungsstücke. Am besten von allem erinnere ich mich an den Moment, da Du mir den Wunsch gestanden hast, die Mutter oder ich sollten Dir diese wichtigste und schönste aller Puppen kaufen. Genaugenommen könnten wir es auch beide tun. Dann hättest Du zwei wichtigste Puppen, unsere häßlichen und albernen Flickenpuppen aber, die Du uns gemacht hattest, weil dieser dumme Krieg sei und es nichts Richtiges gäbe, die könnten wir verstecken oder wegwerfen. Du hast mich alles gelehrt, was Du über die teuren Barbiepuppen wußtest, dann aber weintest Du noch lange, lang und leise, in der Umarmung Deiner großen Freundin, die beim besten Willen keine richtige und schöne Puppe für Dich finden konnte, es hätte ja nicht einmal die wunderschöne und strahlende Barbie mit vielen Kleidungsstücken sein müssen ... Ich weinte gemeinsam mit Dir und spürte dabei, wie schwer unsere Wünsche zu erfüllen waren. Deine Tränen taten mir weh. Wie auch die Tränen der anderen Mädchen von Sarajevo, die die gleichen gewöhnlichen und kleinen Kinderträume träumten.

Sobald ich einen braunen Faden und ein Knäuel brauner Wolle für Deine neue Puppe gefunden hatte, beeilte ich mich, Dir die Freude zu machen und Dir bei der wichtigen Arbeit zu helfen. Es ist gut, daß Du eine Puppe für Deine Mutter machst und glaubst, sie werde kommen. Es ist gut, denn Du freust Dich darauf, und jedes Körnchen Freude ist eine wahre Kostbarkeit. Daß Du nur nicht vergißt, Dich zu freuen und zu träumen. Später dann, wenn all dies vorbei ist, wird es doch leichter. Es muß. Erst dann werden wir Dir von der Mutter erzählen. Ich weiß nicht, wie, aber bis dann werde ich mir schon etwas ausdenken.

Bei diesem Besuch erfuhr ich, daß jene Reistüte die letzte Nahrungsreserve in Eurem Haus gewesen war. Die andere Hälfte der Tüte, die Du für die Flickenpuppe für Deine Mutter versteckt hattest, hattet Ihr beide gerade aufgegessen.

Sarajevo ist noch immer nicht von der Blockade befreit, die Flickenpuppe für Deine Mutter ist nicht fertig, wir beide haben die Stadt verlassen. Zuerst bin ich gegangen. Ich weiß, an dieses Weggehen erinnerst Du Dich, und es tut Dir weh. Das war zum Frühjahrsende, gleich nach der Blüte, die genau so weiß ist wie der erste Schnee. Und für mich bedeutet sie das gleiche wie für Dich der Schnee. Für uns beide wird Weiß auf immer die Farbe des Todes sein.

Als ich mein Heim verließ, nahm ich als eine der größten Kostbarkeiten die kleine, grobe, reisgefüllte Flickenpuppe mit. Ich trage sie immer bei mir, denn ich fürchte, sie könnte irgendwohin verschwinden, so, wie meine ersten, ungeliebten Flickenpuppen verschwunden sind. Es schmerzt mich, daß ich ihnen die versagte Liebe nun nicht mehr zurückgeben kann, am meisten aber schmerzt mich, wenn Du noch immer böse auf mich bist.

Nachdem ich aus der Stadt herausgekommen war, schritt ich monatelang alle möglichen Schaufensterauslagen mit Puppen ab. Ich mußte die größte und schönste Barbie mit den großen, glänzenden braunen Augen und dem braunen Haar finden. Jene wichtigste, die Dir so ähnelt.

Man hat mir erzählt, daß Du sie nicht nehmen wolltest, als man sie Dir brachte. Sie ließen sie bei Deiner Großmutter, und sie packte sie zusammen mit den anderen Sachen ein, die Du ins ferne Pakistan mitnahmst, nur ungefähr zehn Tage nach dem ersten Schnee von Sarajevo, im zweiten Kriegswinter.

Meine liebe Amina, ich wollte Dir eine schöne Flickenpuppe machen, doch ich weiß, das würdest Du nicht verstehen. Auch ich habe deren Schönheit zu spät entdeckt, und Du bist noch so klein. Deshalb habe ich Dir diese große und wunderschöne Barbie geschickt. Damit Du Dich über sie freust, und damit Du weißt, daß ich Dich liebe. Immerhin ist alles leichter, wenn Du Deine richtige, wichtigste Puppe in den Armen hältst, die wunderschön und toll sein muß. Es ist gut, daß es in Pakistan keinen Schnee gibt und es warm ist, doch ich weiß bestimmt, die große Dunkelheit gibt es überall, wirklich überall. Selbst in Ländern und Städten, die Strom haben, und wo die Leute nicht diese kleinen, albernen Ölfunzeln machen müssen, die so schnell verlöschen.

In Liebe, Deine Freundin Dragana

An Amela, die in Bosnien lebte

Liebe Amela,

obwohl wir uns niemals kennengelernt haben, schreibe ich Dir einen meiner Briefe in die Vergangenheit. Einen dieser Briefe, die ich nicht abschicken werde, doch ich weiß, sie werden jene, an die sie gerichtet sind, dennoch erreichen. Ich bin sicher, in der Welt, in der Du seit Sommer 1992 bist, gibt es keinen Bedarf an dieser Art von Briefen. Dort versteht man alles auch ohne Worte, ohne Briefe und Texte, man versteht innerlich, befindest Du Dich doch in der Welt der reinen inneren Wahrheiten. Ich glaube eben, daß es dort so ist, und deshalb auch schreibe ich Dir diesen Brief. Ich schreibe Dir, der Toten, denn alle meine Fragen, die Ängste und der Schmerz – all das, was mich schon lange belastet, hat sich irgendwie mit Dir verbunden, und so bist Du es, der mein Bemühen gilt, irgendetwas davon zu verstehen und mit diesem Verstehen zumindest den Versuch zu machen, meine Angst zu mindern.

Liebe Schwester, ich bitte Dich, versteh mich richtig. Du bist mir Gesprächspartnerin, denn Du bist eine Frau, der das vielleicht Schrecklichste geschehen ist, was einer Frau überhaupt geschehen kann. Ich schreibe Dir, denn ich glaube, daß Du meine Ängste verstehen kannst, meine Scham, meinen Schmerz. All das, wovor ich mich fürchte, hat Dich erreilt, alles, wovor ich mich ängstige, ist Dir widerfahren, alles, was mir droht, hast Du erlebt. In

Deinem Schicksal ist, wie in einem Prisma, alles gebündelt, was uns, den Frauen in Bosnien, von der senilen, obsoleten Ideologie der serbischen Nationalsozialisten zugedacht worden war. Der Ideologie dieser armen Hunde, die ihre Angst vor der Frau, ihr Unvermögen, Liebe zu empfinden und zu erleben, in eine erotische Beziehung zur Nation umwandelten. Und dann führte diese ihre irrsinnige Erotik zum Krieg und zu einem besonders »phantasievollen« Projekt, dem die bosnischen und kroatischen Frauen zum Opfer fielen.

Von jeher habe ich gewußt, daß Frauen in allen Kriegen jedes nur erdenkliche Leid erdulden müssen: sie verabschieden die geliebten Männer in den Kampf, mit dem Wissen, sie vielleicht nie wieder zu sehen, sie finden Eßbares dort, wo es einfach nichts geben kann, gebären und sterben ungehört und unsichtbar ... Ich wußte, daß sie mißbraucht werden, vergewaltigt, benutzt als gewöhnliche, wertlose Gegenstände, gequält und gemordet. All das habe ich immer schon gewußt, eben weil die Leiden und Qualen der Frauen im Krieg eine der allgemeinbekannten Tatsachen sind, die sich von selbst verstehen und mit denen man immer zu rechnen hat. Und dann begann ich langsam am eigenen Leib zu erfahren, wie vielschichtig sich die Last des Krieges für Frauen darstellt. Zuerst offenbarte sich mir die Kehrseite des menschlichen Lebens, meiner Stadt und meines Zuhauses, die Kehrseite menschlicher Charaktere, jene andere Seite, die ich nie gesehen habe und die ich auch nicht sehen wollte, denn mit dem Wissen darüber wäre mir mein Leben unerträglich gewesen.

So zeigte sich beispielsweise, daß Kellerwohnungen die besten sind, da man nur dort in Ruhe essen kann, daß eigene Kinder ein unvernünftiger und irrationaler Luxus sind und daß Hygienemaßnahmen mehr schaden als nützen, da sie zuviel Wasser verbrauchen. Das Schlimmste für mich war indes, zu entdecken, daß Frausein im Krieg einem Schicksalsfluch gleichkommt. Ich lernte meine Stadt als Ruinen-Sammlung kennen, endeckte, daß eine große Unzulänglichkeit meines Hauses darin bestand, daß es viele Teppiche und viel Holz gab, erfuhr, daß das Bad ein überflüssiger Raum ist und daß Stahlbeton das einzig Schöne und Gute ist, was man im Hause haben kann. Ein Jahr lang verbrachte ich damit, in Keller zu rennen, Essen für fremde Kinder aufzutreiben und mich dabei ständig zu zwingen, mich nicht daran zu erinnern, was mich mit einigen zerstörten Orten und niedergebrannten Gebäuden verbindet; ein Jahr lang habe ich, als ich in einer humanitären Organisation für Kinderfürsorge tätig war, einen Weg gesucht, invalide und verwaiste Kinder zu versorgen; ich hungerte, fror und verzichtete auf elementare weibliche Bedürfnisse. Ich vergaß jede Theorie über die Gleichberechtigung der Geschlechter, selbst die Namen der Autoren dieser Theorien, vergaß wichtige Designer und die Namen großer Kosmetikfirmen, dafür lernte ich, Feuer zu machen und Brot zu backen. Ich wurde ganz einfach eine Frau im Krieg, die alles können und alles wissen muß, weil sie eine Frau ist, also das Fundament des Lebens.

Die ganze Zeit über wußte ich jedoch, daß ich gar kein schlechtes Los gezogen hatte, denn ich befand mich nicht auf okkupiertem Gebiet, von woher uns Nachrichten über den schrecklichen sexuellen Mißbrauch von Frauen erreichten. Lange wurde über die Vergewaltigungen gesprochen, dann erreichten erste Busse die Stadt, die voll mit schwangeren Frauen waren, die von serbischen Faschisten geschwängert, dann fünf bis sechs Monate gefangen gehalten und schließlich freigelassen wurden, »zurückgeschickt, um uns Kinder zu gebären«. Als mir klar wurde, daß es sich dabei nicht nur um eine »gewöhnliche« Kriegsvergewaltigung handelt, sondern um ein präzises, systematisch ausgearbeitetes Projekt, entsetzte mich die Tatsache, eine Frau zu sein, und ich wünschte mir das erste Mal, keine zu sein. In einem einzigen Augenblick verschwand mein Stolz auf die Stärke des Weiblichen, und zu den vielen Fragen, die mich quälten, kam eine hinzu, vielleicht die schmerzlichste von allen: wie ist in der menschlichen Welt ein solches Projekt möglich, und wie ist es möglich, Menschen zu finden, die bereit sind, bei seiner Realisierung mitzuwirken? Und dann, als der Gerichtsprozeß gegen einen der Beteiligten bei all diesen Ereignissen angekündigt wurde, schien mir, daß ich vielleicht etwas verstehen und wenigstens eine Form finden könnte, um den Schrecken, in dem ich mich befand, zu begreifen. Ich dachte, daß mir das Gespräch mit diesem Menschen (!?) etwas erklären könnte, mithelfen könnte, mit dem Verständnis wenigstens einen Teil des Entsetzens zu überwinden, das mich bei all dem erfüllt hatte, denn ich dachte in meiner Naivität, dem Schrecken gegenüber zu stehen, ihn zu verstehen und zu begreifen, würde ihn wenigstens halbwegs bezwingen.

Ich wartete ab, daß das Gericht das Urteil aussprach und der Andrang der vielen Journalisten abebbte, die gekommen waren, um mit ihm das Sensationsinterview und gleichzeitig Werbung in eigener Sache zu machen. Ich benötigte weder Karriere noch Werbung, ich wollte lediglich verstehen oder wenigstens eine mögliche Erklärung finden, denn die Täter waren ja Menschen, mit denen ich irgendwann vorher (und vor gar nicht so langer Zeit) Umgang pflegte (gemeinsam arbeitete, lernte, aufwuchs) und von denen ich geglaubt hatte, sie zu kennen.

Ich ging ins Gefängnis und sprach mit Borislav Herak, einem 22jährigen, der wegen Völkermords und wegen Kriegsverbrechen an der Zivilbevölkerung und an Kriegsgefangenen zum Tode verurteilt worden war. In einem langen, allzu langen Gespräch erfuhr ich auch von Dir, Amela. Da warst Du schon tot, ich aber klammerte mich verzweifelt an den Glauben, daß Du Ruhe gefunden habest und es Dir dort gut ginge, denn ich konnte und kann Dein Schicksal auf dieser Welt noch immer nicht ertragen. Ich sprach mit einem Deiner Peiniger, und dank dieses Gespräches begriff ich, was mit den bosnischen und kroatischen Frauen in den okkupierten Gebieten geschah.

Zu Beginn des Gespräches war ich ziemlich befangen. Anstelle eines Verbrechers traf ich einen Star, anstelle eines Menschen, der bereit war, mit sich selbst zu Rate zu gehen, traf ich auf eine Person, die routiniert Interviews gab. Später hatte es dann doch kurzfristig den Anschein einer menschlichen Kommunikation. Da erzählte er mir von Indijana, der Tochter seiner Schwester, und dem Wunsch, daß ihn sein Vater besuchen käme. Er erzählte mir auch davon, daß er früher einmal, vor langer Zeit, ein Haus bauen und Kinder haben wollte.

Als ich ihn über die Frauen befragte, die er mißhandelt, vergewaltigt, gewaltsam geschwängert (in »nicht bekannter Zahl«) oder getötet hatte, erinnerte er sich, daß unter all den Frauen auch eine schöne war. So erzählte er es mir: »Da war eine Schöne, mit langem schwarzem Haar, dunklen Augen, 1,80 groß. Amela hieß sie. Sie war grün und blau geschlagen, sie hatte Striemen vom Vorangegangenen. Sie war gefaßt. Ich sah, daß sie Angst hatte, ich sah die vielen Blutergüsse. Sie war vollkommen nackt ... Sie lebt nicht mehr. Damjanović hat sie umgebracht.« Über alles andere sprach er routiniert, in der Art eines Stars, der gewohnt ist, Interviews zu geben, und versuchte dabei, mich dadurch in Erstaunen zu versetzen, daß über 100 Journalisten aus verschiedenen Ländern der Welt zu ihm gekommen waren; darunter auch »Jaggers Frau«, von der er ebenfalls meinte, daß sie schön sei.

Liebe Amela, ich weiß nicht, wie Frau Jagger aussieht, sodaß ich auch nicht wissen kann, ob es in eurem Äußeren etwas Gemeinsames gibt, dafür aber weiß ich, daß es in euren Schicksalen keinerlei Ähnlichkeiten gibt, sie sind, genau genommen, so verschieden, daß es mir scheint, als würde ein ganzes Jahrhundert zwischen Euch beiden liegen. Zwischen Dir, gefangen im Lager mit vielen anderen bosnischen und kroatischen Frauen, die geschlagen, vergewaltigt, gewaltsam geschwängert und danach getötet oder zurückgelassen wurden, um diese unerwünschten Kinder zu gebären, und Frau Jagger, die kommt, um mit dem Verbrecher zu sprechen und daraus einen Werbeschachzug zu machen, kann es wirklich keinerlei Ähnlichkeiten geben. Du wurdest im Rahmen eines präzise ausgearbeiteten Projekts gebraucht und erniedrigt, sie legte einen weiten Weg zurück, weil ihr Manager eine originelle Reklame-Idee hatte. Du wurdest ermordet, sie kehrte in ihre Welt aus leerem Schein und gleichgültigen Leuten zurück, um ihnen von ihrer Begegnung mit einem echten Verbrecher zu erzählen, mit einem jungen, vielfachen Mörder und Vergewaltiger.

Ja, meine liebe Amela, in unserer modernen Welt ist eine richtige Nachricht eben die, daß sich die (schöne?) Frau Jagger mit einem der anonymen Verwirklicher dieses monströsen Projekts der gewaltsamen Schwängerung von Frauen darüber unterhalten habe, was er in den Pausen zwischen dem Schlachten und dem »gewöhnlichen« Morden tat. Dein Schicksal und ähnliche Schicksale so vieler anderer Frauen sind keine Nachricht, sie sind so uninteressant, daß westliche Medien, Journalisten, Politiker, Mitarbeiter sozialer und humanitärer Verbände beharrlich und überall ausschließlich von Vergewaltigungen als einer Form von Kriegsleiden sprechen, die selbstverständlich sind und mit denen in jedem Krieg zu rechnen ist.

Es ist natürlich klar, daß es Vergewaltigungen gibt, klar, daß sich im Krieg Vergewaltigungen viel häufiger als sonst zutragen, da in diesem Ambiente notwendigerweise das Gesetz des Stärkeren herrscht und der Mann in der Regel stärker als die Frau ist.

Die »normale« Kriegsvergewaltigung von Frauen in Bosnien ist jedoch nur die erste Stufe des Mißbrauchs der Frau in diesem Krieg, und ist, statistisch gesehen, fast zu vernachlässigen. Die zweite Stufe wäre die Vergewaltigung von Schwangeren und älteren Frauen, dann käme die Vergewaltigung vor Publikum (vor allem vor der Mutter, die schreiend darum bittet, es nicht zu tun, oder vor dem Vater, der in seinem Schrecken versteinert ist). Davon sprach ich zu Journalisten, mit denen ich im vorigen Jahr in Sarajevo zusammentraf, sie jedoch glaubten mir ganz einfach nicht. Inzwischen aber gibt es einen neutralen, objektiven Augenzeugen – Roy Gutman, den Zeugen des Genozids (Roy Gutman: »Augenzeuge des Völkermordes«, Göttingen: Steidl Verlag 1994), der von vergewaltigten Frauen spricht, »die derart unter Schock standen, daß sie ihre Kinder abtreiben wollten«. Dann führt er den Fall einer 57jährigen an, einer Mutter von sechs Kindern, die aussagte, daß sie innerhalb von zehn Tagen jede Nacht zweimal vergewaltigt wurde. Gutman schreibt auch über Almira, eine 18jährige Frau, die von den faschistischen Soldaten vergewaltigt wurde: »Das setzte sich im Verlauf von fünf Nächten fort, jedes Mal mit anderen Männern, bis hin zur sechsten Nacht, als sie die Erniedrigung zum Höhepunkt brachten und Almira vor ihrem Vater vergewaltigten.«

Zu diesen Beispielen, die ich von ihm übernommen habe, sagt Roy Gutman: »Sowohl die lokalen Polizeibeamten als auch die Ärzte des gynäkologischen Institutes sagen, daß sie von der Wahrheit der Aussagen über die Vergewaltigungen in Liplje überzeugt seien, daß ihre Überzeugung auf medizinischen Untersuchungen, auf Befragungen der Opfer und auf Überprüfungen der Aussagen fuße. Almira und ihre drei Freundinnen waren derart verbittert über das, was ihnen geschehen war, daß sie damit einverstanden waren, ihre vollen Vor- und Nachnamen sowie ihr Alter preiszugeben.«

Ich bin der Überzeugung, daß in diesen Fällen (die ich als zweite Stufe des Mißbrauchs von Frauen im Krieg bezeichnete) wahrlich schwer die Rede von klassischen Vergewaltigungen und irgendwelchen Explosionen erotischer Energie sein kann. Hier kann es sich ausschließlich um Explosionen von Haß sowie um das starke Bedürfnis handeln, Frauen als solche zu verletzen, zu erniedrigen, ihre Persönlichkeit und Würde zu vernichten, einen Schock hervorzurufen, bei Schwangeren auch eine Fehlgeburt. Es scheint, daß bei diesen Männern der Haß den Platz eingenommen hat, welcher sonst der (jungen und schönen) Frau zufällt und der nun einen interessanten psychiatrischen Fall aus ihnen macht. Diese beiden Stufen des Mißbrauchs der Frau im Krieg sind sozusagen spontane Aktionen Einzelner, während die dritte Stufe ungleich grausamer und komplexer ist.

Die dritte Stufe des Mißbrauchs der Frau im Krieg, die wir in Bosnien erfahren mußten, ist das systematische, gründlich vorbereitete und, leider, konsequent durchgeführte Projekt der gewaltsamen Schwängerung bosnischer und kroatischer Frauen. Hier geht es weder um die Frage spontaner Gewalt noch um die Vergewaltigung als Begleitumstand des Krieges, sondern um die Vollstreckung einer grundlegenden Kriegstechnik, die in der Geschichte der Kriegsführungen und der Geschichte des Bösen einzigartig ist. Und zwar werden in eigens dafür eingerichteten Lagern Frauen gruppenweise solange vergewaltigt, bis sie schwanger werden und die Schwangerschaft fortschreitet. Danach werden sie vertrieben oder getötet. Erstere werden zu den »ihrigen« zurückgeschickt, damit sie ihnen Kinder gebären, deren Väter die Feinde sind.

Jene, die sie im Leib ihrer Ehefrauen, Mütter, Schwestern töten, schicken ihnen eine weitere, sehr konkrete und sehr »phantasievolle« Erniedrigung. Bei diesem monströsen Projekt werden nicht nur die »gebrauchten« Frauen erniedrigt und verletzt, von denen es mindestens ein paar Zehntausende gibt. Erniedrigt wird die ontologische Grundlage des Menschen, erniedrigt wird selbst Gott, damit, daß ER, und alle seine schönsten und erhabensten Gaben, die er dem Menschen schenkte, auf pure physische Gewalt herabgewürdigt werden. Eine dieser Gaben, die Gott dem Menschen schenkte, ist eben die Mutterschaft, ist gerade die menschliche Fähigkeit, mit der Geburt eines Kindes, als Frucht der Liebe, die Liebe und den Begriff des Gebärens zu objektivieren und mit Leben zu erfüllen. Das Kind bekommt man mit dem Mann, den man am meisten auf der Welt liebt und achtet. Und man träumt überdies davon, daß es diesem Mann ähnlich wird. In diesem Falle verkehrt sich alles. Das Kind wird von einem Verhaßten geboren, von einem aus der großen Zahl jener Leute, die die Liebsten dieser Frauen morden, das Heim vernichten und die Welt zerstören, von einem Unbekannten aus einer Gruppe, von jemandem, den sie fürchtet und gleichzeitig haßt und verachtet.

Daß diese Beschreibungen nur einen winzigen Teil des Grauens ausmachen, davon konnte ich mich im April 1993 überzeugen, als ich einen Mann traf, dessen Frau all dies widerfahren ist. Ich war bei einer humanitären Hilfsorganisation für die Kinder von Sarajevo tätig, und er kam, um Nahrungsmittel für ein Neugeborenes zu erbitten. Er wirkte völlig verloren und bestand darauf, daß wir allein im Büro blieben. Wohl in der Befürchtung, ich könnte vor einem unbekannten Manne Angst haben, erwähnte er sofort, daß er weder Waffen hätte noch gefährlich sei. Er wäre nur verzweifelt, und er schäme sich. Er schäme sich schrecklich, denn ...

Aus einer langen, stockenden Erzählung erfuhr ich, daß man seine Frau, mit der er zwei kleine Söhne hat, einige Monate lang regelmäßig vergewaltigte, dann, als die Schwangerschaft fortgeschritten war, sie ins freie Territorium entließ. Vor kurzem gebar sie einen Sohn. Als bekannt wurde, wessen Kind sie geboren hatte, warf man sie aus der Wohnung, in der sie vorübergehend Schutz gefunden hatten. Alle Menschen, die er kannte, suchten ihn zu überzeugen, daß er die Frau, die ein solches Kind geboren hat, verlassen solle. Er aber lief herum, um Nahrung für dieses hilflose Wesen zu suchen, dessen Tod von der leiblichen Mutter so sehr gewünscht wurde. Er könne es nicht geschehen lassen, daß es vor Hunger stirbt, ebenso wenig kann er die Frau verlassen, die er liebt, die ihm ein Zuhause geschaffen und ihm zwei Söhne geboren hat und der es jetzt viel schlimmer geht als ihm. Niemand verstehe sie, und niemand wolle ihnen helfen. In einer unbekannten Stadt, ohne Wohnung, ohne Nahrung und Kleidung, ohne Hoffnung und Zukunft. Und ohne die Möglichkeit, jemals zu vergessen.

Später lernte ich auch diese Frau kennen, und erst da begann ich zu begreifen, was Frauen alles angetan wird, die auf diese Weise mißbraucht worden sind.

Sie sind häufig physiologisch nicht mehr in der Lage, Kinder zu bekommen (nach Aussage der Gynäkologen, die diese Frauen untersucht haben, sind ihre Gebärmütter mit Staphylokokken und anderen Bakterien infiziert, die im Schmutz und in Exkrementen vorkommen), während sie zudem auch psychisch und sozial definitiv zerstört sind. Von ihrer psychischen Situation kann ich nicht sprechen, ich habe dazu nicht das Recht, denn ich wage es nicht, mich selbst in einer solchen Situation zu sehen. Ich weiß zuverlässig (soviel mir vorzustellen gelingt mir), daß jede dieser Frauen definitiv unfähig zur Liebe ist, daß die Aussichten für ihre Integration äußerst gering sind, die auf eine Rückkehr ins Leben praktisch nicht bestehen. Wenn es auch gelingen sollte, sich dazu durchzukämpfen, sich für das Leben zu entscheiden, beginnt nach dem Überleben die Suche nach einem menschenwürdigen Leben, kommt der Wunsch nach einer Wohnung, nach Arbeit, einer Therapie, nach gesellschaftlicher Akzeptanz, das Bedürfnis nach einem Zuhause und nach Liebe. Aber wie und wo eine Wohnung finden, Arbeit, Freunde, wie jemanden davon überzeugen, daß er dich als normalen Menschen anzusehen beginnt, wie einen Menschen finden, der all dies verstehen könnte? Die Frau aus meiner Geschichte beispielsweise sagte mir, daß es ihr leichter fiele, wenn der Mann sie verlassen oder zumindestens hassen würde. Seine Liebe sei eine schreckliche Belastung für sie, denn sie fühle, daß sie diese nicht verdiene.

Ein besonderes Problem wiederum stellen die jungen Mädchen dar, die auf dem Lande gelebt haben, wo vorehelicher Geschlechtsverkehr verboten ist, sodaß die Mehrheit die Meinung vertritt, daß sie mithin für ihr ganzes Leben zerstört seien und daß solche wie sie nicht einmal mehr das Recht darauf hätten, von einem normalen Sexualleben und von der Liebe zu träumen.

Im Zusammenhang mit diesen Frauen wird beharrlich das Wort Vergewaltigung gebraucht. Ich möchte aber darauf bestehen, daß es sich hier überhaupt nicht um Vergewaltigung handelt, sondern um ein gut ersonnenes Projekt zur Vernichtung von Frauen und ihren elementaren biologischen Funktionen. Das unterstreichen im übrigen auch einige Aussagen von Leuten ganz unterschiedlicher Position in diesem Krieg. Es sind Aussagen von Journalisten, von Opfern, Tätern und Ärzten. Der Journalist Roy Gutman sagt in seinem Buch »Augenzeuge des Völkermordes«: »Die Aussagen von Vergewaltigungsopfern, die ihre Leiden bis in erschreckende Einzelheiten beschreiben, bestätigen Berichte darüber, daß serbische Eroberer Bosniens Mosleminnen nicht nur vergewaltigten, weil dies etwa ein Begleitumstand des Krieges wäre, sondern vielmehr darum, weil es sich um die Durchführung einer grundlegenden Kriegstechnik handelte«. Gutman führt im weiteren Aussagen einiger vergewaltigter Frauen an, die davon sprechen, daß viele der Männer die »Entschlossenheit« durch die Einnahme weißer Tabletten erhöhten, die diese, so scheint es, stimulierten. Eine von ihnen (Mirsada, 23) sagt zum Beispiel, daß ein junger Mann, der sie verschleppte, zu ihr gesagt habe: »Wir haben den Befehl, Mädchen zu vergewaltigen.«

Von der Vergewaltigung als Befehl spricht auch einer ihrer Vollzieher, der bereits erwähnte Kriegsverbrecher Borislav Herak. Er sagt: »Ich konnte nicht allein sein, denn sie glaubten nicht, daß ich es machen würde. Jedes Mal gingen wir als Gruppe, um zu vergewaltigen. Auf Befehl, in Verfolgung irgendeiner Moral.«

Und, schließlich, Monika Hauser, Ärztin und Mitarbeiterin einer humanitären Organisation vor Ort: »Zweifellos werden in diesem Krieg, wie auch in jedem anderen, Frauen jeder ethnischen und religiösen Zugehörigkeit sexuell gequält und vergewaltigt, ebenso aber steht für mich auf Grundlage einjähriger Erfahrung in Zentralbosnien außer Zweifel, daß Mosleminnen nicht nur ›normale‹ Opfer männlicher Gewalt im Krieg, sondern Opfer einer Kriegsstrategie sind, die Genozid heißt«.

Müssen wir uns mithin fragen, ob sich starke erotische Explosionen wirklich nach Plan oder auf Befehl und ohne Rücksicht auf Aussehen, Alter oder Verhalten einer Frau ereignen können? Und sogar darüber hinaus durch deren Angst und Verzweiflung noch motiviert werden? Oder aber ist es möglich, daß hunderttausende Männer ganz einfach spontan in erotische Leidenschaft ausbrechen? Westlichen Medien und erst recht dem Verhalten und den Äußerungen westlicher Politiker nach zu urteilen, die das Projekt der gewaltsamen Schwängerung von Frauen in Bosnien so beharrlich Vergewaltigung nennen, ist eben dies möglich (und es passiert).

Das Projekt der gewaltsamen Schwängerung von Frauen in Bosnien wurde jedoch nicht nur durch die teuflische Genialität der Führer der serbischen faschistischen Bewegung machbar. Ermöglicht hat es auch die moderne, von ethischen Inhalten leere und lediglich auf die Zeitungsnachricht reduzierte Welt, ermöglicht wurde es durch die Logik der Zeitungen, für die 60.000 gewaltsam geschwängerte Frauen keine Medienattraktion darstellen, das Plaudern mit einem der anonymen Verwirklicher dieser gewaltsamen Schwängerung aber schon – und was für eine. Im Zusammenhang mit den westlichen Medien und deren Berichten über die Vergewaltigungen in Bosnien-Herzegowina sagt Monika Hauser: »Anfangs hatte ich Wut auf die Art und Weise, wie die Medien über die Vergewaltigungen in Bosnien-Herzegowina berichten und so ein weiteres Mal mißbrauchen. Ich entsinne mich etwa einer Situation aus Zenica: ein Mitarbeiter des Dokumentationszentrums für Kriegsverbrechen und Verbrechen gegen die Menschheit brachte einen Journalisten des amerikanischen Senders ABC dorthin, damit dieser mit einer Frau spräche, die in einem Flüchtlingscamp in der Nähe von MEDICA Zuflucht gefunden hatte. Diese sagte, daß sie unter der Bedingung bereit wäre, von ihrer Erfahrung der Vergewaltigung zu sprechen, falls ihr Gesicht nicht gezeigt und ihr Name nicht genannt würde, da sie Verwandte in Amerika habe. Das Interview wurde gemacht, das Gesicht wurde gezeigt, der Name wurde genannt. Die Frau ist bis zum heutigen Tage stumm. Zu jenem Zeitpunkt hatte sie gerade mit mir zu sprechen begonnen. Ich wollte sie ermutigen, ins MEDICA zu kommen. Doch danach, so sagte sie, gäbe es keine Therapie mehr, die ihr helfen könnte. Wütend war ich ebenso auf die ausschließliche Darstellung von vergewaltigten Frauen als weinenden und passiven Opfern. Mir wurde klar, daß der Voyeurismus der Medien nichts mit Emphase und Mitgefühl für jene Frauen zu tun hat, sondern deren Geständnisse als Mittel zum Herstellen von Kriegsatmosphäre ausnutzt.«

Beinahe alle, die nach Bosnien kamen und noch immer kommen (es gab hier Models, Künstler, verschiedene Mitarbeiter humanitärer Institutionen, Friedensstifter, Journalisten, Politiker, Ärzte, UNO-Beamte usw.), sprechen nur von Vergewaltigungen. Unter ihnen waren auch unzählige Frauen, und nur einige von ihnen machten einen Unterschied zwischen Vergewaltigung und der Kriegsstrategie der gewaltsamen Schwängerung von Frauen, die Monika Hauser Genozid nennt. Ist es denn wirklich möglich, daß sie alle tatsächlich glauben, im Kern von alldem, was faschistische Soldaten bosnischen und kroatischen Frauen in Bosnien angetan haben, stünden ausgerechnet erotische Explosionen, provoziert durch die Attraktivität jener armen Frauen, die ihr weibliches Wesen längst schon auf die Funktion der Mutter, der Schwester oder Ehefrau zurückgeführt haben?

Die Antwort kennen wir, natürlich, alle. Sie ist so selbstverständlich, daß es wahrlich keinerlei Berufung auf irgendeine Wissenschaft, Statistik oder lebendige Zeugnisse bedarf. Das Problem liegt bestimmt nicht in einer unklaren Situation oder darin, daß irgend jemand einem anderen etwas unterstellt. Das Problem liegt darin, daß so viele Menschen sich darauf eingelassen haben, Unverständnis zu zeigen und das, was gefangengenommenen Frauen in Bosnien angetan wurde (und noch immer angetan wird), mit falschem Namen zu benennen. Warum wird die systematische gewaltsame Schwängerung von Frauen so beharrlich Vergewaltigung genannt?

Eine der möglichen Erklärungen könnte sein, daß die moderne Welt nicht darauf eingeht oder dazu unfähig ist, die ganze Monstrosität der geplanten und systematisch durchgeführten Schwängerungen der Frauen zu akzeptieren. Wie schlecht auch immer diese Erklärung von der ethischen Sensibilität der heutigen Menschen und der öffentlichen Meinung sprechen mag, so ist die nächste Erklärung noch weniger schön und anziehend. Sie sagt uns, daß es sich um eine Absicht handelt, um die willentlich falsche Benennung, die unsere Erkenntnis über das Phänomen verzerrt. Mit der falschen Benennung von Dingen wird die Verantwortung der Täter verringert. Wenn sie vergewaltigt haben, so sind sie ganz bestimmt vermindert zurechnungsfähig – und damit auch vermindert schuldfähig. Und, letztlich, entziehen sich durch das falsche Benennen von Dingen eben diejenigen gänzlich jeglicher Verantwortung, welche die größte Verantwortung tragen, jene, die all das ersonnen, detailliert geplant und befohlen haben. Ist mithin Vergewaltigung nicht ein absichtlich falscher Terminus, der, genau wie viele andere, untergeschoben wird, damit man somit dahin käme, nach dem Maße der Verantwortung Verbrecher und Opfer gleichzustellen? Das ist schlicht am bequemsten. So erhält man ein Alibi dafür, sich nicht mehr mit all dem Schrecken beschäftigen zu müssen, der sich in der fernen »Balkan-Kneipe« zuträgt, und sich endlich mit etwas anderem befassen zu können, mit dem vielleicht die Medien gerade befaßt sind.

Vergewaltigung (oder etwas, was dem ähnelt) ist eben kein interessantes Thema, ausgenommen, es handelt sich um berühmte Personen.

Der Kriegsverbrecher Borislav Herak wurde ein Star. Ein Star ist auch der Menschenfresser in Japan, der inzwischen eine Modekolumne führt. Ihre Opfer interessieren niemanden. Mit Gewalt geschwängerte Frauen interessieren niemanden. Vielleicht wird es ein Thema, wenn man bereit ist, jenes monströse Projekt bei seinem richtigen Namen zu nennen, und der heißt – Genozid, und wenn man jene »Phantasie« seiner Erfinder begreift, die sich nicht in der vollkommenen (physischen, psychischen und sozialen) Vernichtung der mißbrauchten Frauen und der nachträglichen Erniedrigung via Geburt eines ungewollten Kindes erschöpft, sondern erst darin, was man als Genozid im voraus bezeichnen könnte. Denn wenn wir nur daran denken, daß jene Frauen biologisch ›in den besten Jahren‹ sind und bestimmt nicht wieder gebären werden, sie unter normalen Umständen aber mindestens zwei Kinder zur Welt bringen würden, so kommen wir auf eine erschreckende Zahl von im voraus getöteten kleinen Bosniern und Kroaten.

Bis dahin aber werden diese Frauen lediglich auf dem Schwarzmarkt von Hardcore-Pornos ein Thema sein, wo mit Videokassetten das große Geld gemacht wird, auf denen all das, was mit ihnen getan wurde, aufgenommen ist.

Und wenn das nicht ein Zeichen von moralischem Untergang der Welt ist, woher kommt dann soviel Angst in uns, die Dinge bei ihrem richtigen Namen zu benennen? Oder wird es ein Thema in der schwärzesten politischen Pornographie, die vielleicht durch die Überzeugung eines hohen SDP-Funktionärs illustriert wird, der den gesamten Schrecken dieses Projektes – sämtliche Schicksale aller auf diese Weise vernichteter Frauen und sämtliche Schicksale aller Menschen, die in irgendeiner Weise mit ihnen in Verbindung stehen – auf eine einzige Sache zurückführt: auf die Erzeugung einer negativen Propaganda gegen die Serben.

P.S.

Liebe Amela,

mir scheint, daß ich das alles nur für mich selbst geschrieben habe – um zu versuchen, die moderne Welt zu verstehen, in der ich lebe und der ich offenbar nicht angehöre. Dir ist alles klar, denn Du bist schon dort, ich aber verstehe hier gar nichts mehr. Ich weiß, daß Du mir nicht helfen kannst. Noch immer nicht. Schrecklich ist mir zumute in dieser Welt, mit der ich mich nicht verstehe und die ich zu verachten beginne, doch noch immer habe ich große Angst davor, zu Dir zu kommen.

Jovica Aćin: Poetik der Fälschungen.

Nach der »Poetik der Auflösung« (Novi Sad: Bratstvo-jedinstvo 1987), mit der er, so sagt er selbst, wie mit der Geste des Trunkenen versuchte, »der einerseits immer größeren und tödlicheren Technologisierung und, andererseits, Ideologisierung der menschlichen Welt« zu begegnen, bietet Jovica Aćin uns abermals eine Poetik. Diesmal geht es um eine »Poetik der Fälschungen« (Novi Sad: Svetovi 1991) mit dem Untertitel »Auf der Suche nach den Täuschungen«. Neben den Bemerkungen des Autors enthält das Buch zwei Teile: die Macht des Falschen und die Fotomorgana (mit einer dreiseitigen Fotobeilage), und stellt einen kleineren Teil von Aćins »literarischen Untersuchungen und Überlegungen (Theorien, Deutungen und Geschichten ...) zu Fragen der Verfälschungen und der Täuschungen überhaupt« dar. Der Ansatz der Untersuchungen ist betont literarisch, sind für Aćin doch alle Themen dieser Welt einzig und nur literarisch relevant. Für ihn ist Literatur eine der entscheidenden und unvermeidlichsten Erfindungen zum Nutzen der menschlichen Existenz und zugleich Bedingung für die Qualität eben dieser Existenz.

Die »Poetik der Fälschungen« behandelt die klassische Frage des Verhältnisses von Echt und Falsch und problematisiert damit die Begriffe des Authentischen, des Apokryphen, des Wirklichen und Fiktiven, des Verkleidens, des Retuschierens, unabsichtlicher und bewußt gewählter Irrtümer. Indem er uns Geschichten von Menschen erzählt, deren Schicksale in den Sog des »modernen Repertoires« des Falschen geraten, zeigt der Autor, wieviel Falsches es in dieser Welt gibt (Auflösung) und wie groß die Macht des Falschen ist (von der falschen Macht zur kreativen Imitation von Macht, neben ihren verschiedensten Verflechtungen), welche wir nutzen, der wir uns hingeben und die wir gleichzeitig bekämpfen (mitunter sogar auf Leben und Tod).

Der größte Teil der »Macht des Falschen« ist Nietzsche gewidmet, dessen Werk eine Demaskierung der bisherigen Geschichte des Denkens darstellt, an dessen Beginn Platon steht. Nietzsche führt uns verschiedenartige Masken vor, in die sich die Geschichte flüchtet, und auch die Masken der philosophischen Szene. Gleichzeitig ist dies ein Werk, in dem es seinerseits nur so von Masken wimmelt, und sogar er selbst verwandelt sich in viele Figuren, wobei er Befriedigung aus dem Simulieren schöpft und erfährt. Er erörtert das Theater, die Kunst der Histrionen, den »gefährlichen Begriff des Künstlers«. Neben dem Künstler sind die Spezialisten des Verkleidens natürlich die Frauen. Wäre es denn überhaupt möglich, von Nietzsche zu reden, ohne von der Frau zu sprechen, die bei ihm auch fast ohne jede Metaphysik selbst zur »Heldin des metaphysischen Handwerkes« wurde? Sie findet sich auf beiden Seiten der Grenze, als Gefangene der »wahren Welt« und als Verkörperung der »Welt der Täuschungen«. So wird bei Nietzsche mit der Frage der Frau die grundlegende Opposition von Wahr und Unwahr abgebaut.

Nach Nietzsche folgen interessante Beispiele von der Macht des Falschen in der Politik, von Philatelisten, die auf fehlerhafte Marken spezialisiert sind, von Puppen, die zu erotischen und militärischen Zwecken produziert werden, von Imitationen, die wir in der Natur antreffen und letztlich – von der Sprache als dem wundersamsten Phänomen der Mimikry, von menschlichem Listenreichtum, der auf ihrer heterogenen mimetischen Macht beruht. Aus ihr bezieht die Literatur ihre gesamte Macht des Unwahren, während die anderen Mächte (wenn man die Sprache zu administrieren beginnt) »sich ausschöpfen« und die repressive, gegen das Leben gerichtete Mimese (die in der Natur nicht anzutreffen ist) sich im Ausdruck der eigenen, gespenstischen Wirklichkeit erschöpft.

Der mittlere Teil der »Fotomorgana« ist ein Foto-Essay: Zwei Männer spielen Schach, um sie herum sind Zuschauer versammelt. Die Fotografie entstand auf Capri, zwischen dem 10. und 17. April des Jahres 1908 (auf der Terrasse einer Villa, die emigrierten russischen Sozialdemokraten gehörte). Es handelt sich um eine wichtige und in der Geschichte des Bolschewismus anerkannte Fotografie, denn sie ist eine der wenigen, die Lenin in der Zeit der Verbannung zeigt, und es ist die einzige, die die »entscheidende Phase« in seinem philosophischen Kampf gegen die »Deviation« der revolutionären Bewegung illustriert. Die Fotografie zeigt Lenin und Alexander Bogdanov über das Schachbrett gebeugt, während hinter ihnen fünf Männer das Spiel verfolgen. Indessen überträgt sich das Spiel (wohl wegen des Insistierens auf Authentizität) analog auf das Leben, und so fehlt auf der nächsten (eben dieser, auf Capri aufgenommenen) Fotografie einer der Zuschauer. Es ist der Ökonom Vladimir Basarov. Seine Gestalt entfernt sich aus der Fotografie, und er selbst verschwindet als Opfer der ersten stalinistischen Prozesse. Dann verschwinden der junge Sinovij Sverdlov und Sina Pjeschkov (ein Pflegesohn Maxim Gorkis). In dem Moment, da sie aus der Fotografie verschwinden, verschwinden sie auch aus dem Leben. Es ist wirklich alles so wahrhaft, daß es wahrhaftiger nicht sein könnte. Das Verschwinden der Figuren aus der Fotografie (die ein historisches Dokument ist) stimmt mit dem Verschwinden ihrer Modelle im Leben überein. Wir wissen nicht, ob schwarze Magie da beschlossen hat, dem technischen Fortschritt der Welt zu folgen und ihre Puppen durch Fotos ersetzte (was wir mit Puppen oder Fotos tun, stößt in Wirklichkeit dem zu, den sie abbilden), dafür aber wissen wir genau, daß dieses Foto (ohne überhaupt dafür vorgesehen gewesen zu sein) zur Ikone eines neuen Spiels geworden ist, das überall die Technik des Verkleidens einführte und so auch die Fotografie selbst in den Dienst der Macht des Falschen stellte. Wichtigste Komponenten, von denen abhängt, welche Wirklichkeit und Geschichte wir haben werden, sind eine Dunkelkammer und die Fachleute, die sich mit dem Retuschieren befassen, mit dem mehrfachen Belichten, mit dem Filtern oder Montieren von Szenen oder Gestalten

Bücher über »Hobbyfotografie« und Trick-Fotografie waren bereits im 19. Jahrhundert populär. Zu jener Zeit war die Montage von Portraits in Landschaftsfotos allgemein üblich, und die sogenannte spiritistische Fotografie mit Trugbildern und Phantomen war äußerst beliebt (zu diesen Erscheinungen kam es, wenn die alte, schon gebrauchte Kollodiumplatte nicht besonders gut gesäubert worden war, und so das vorangegangene Bild auch auf dem neuen Foto erschien). Etwa zu dieser Zeit beginnt auch die Obrigkeit sich für Fotografie zu interessieren (im Deutschland jener Zeit zum Beispiel war die spiritistische Fotografie zeitweilig streng verboten), und schnell entdeckte sie deren große Möglichkeiten. Mittel sowie Art und Weise der Herrschaftsausübung änderten sich, und die Fotografie wird zum Symptom dieser Veränderungen, sodaß sowohl dem System als auch seinen Gegnern die gemeinsame Überzeugung eigen wird, nach der »ein Foto mehr sagt als 1000 Worte«. Das System scheut keine Mittel, das Monopol über die Wahrheit, über die »neue Wahrheit« zu erlangen, die immer nur eine einzige sein darf. Die Nazis besannen sich auf sie und gestatteten nur Firmen in nachgewiesen arischem Besitz, sich mit der Fotografie zu beschäftigen; Mussolini gründete eine spezielle Foto-Agentur, da er es liebte, auf Fotografien groß (alle überragend), kräftig, willensstark und körperlich dominant dargestellt zu werden; Propagandadienste (insbesondere die von Goebbels) setzten eine Maschinerie der Verfälschungen in Gang; die Fotografie wurde auch in die »proletarische Kultur« eingeführt, und es wurde angeordnet, daß jeder, der einen Fotoapparat besitze, registriert sein müsse und seine professionelle oder Amateurfototätigkeit »restlos in das System einzubringen habe, in den Fortschritt des Staates, in die Erhaltung der Ordnung«

In dem von Alain Jaubert herausgegebenen Buch »Le Commissariat aux Archives« (dt. »Fotos, die lügen«, Frankfurt: Athenäum 1989) sind zahlreiche Fotografien veröffentlicht, welche die Geschichte verfälschen oder dazu bestimmt sind. In dieser Fülle gibt es lediglich zwei, auf denen keinerlei Manipulationen zu erkennen sind; das polnische Zensur-Weißbuch (im Frühjahr 1977 gestohlen und nach Schweden verbracht) behauptet, alle Fotos staatlicher Würdenträger mußten vor ihrer Veröffentlichung vom BÜRO abgesegnet werden.

Interessante Fälschungen mit Hilfe der Fotografie gibt es viele, von harmlosen und geistreichen bis hin zu jenen unverschämt anmaßenden, denen es gelang, eine (gar nicht so kurze) Zeit lang ihre »wahre« Geschichte zu schreiben.

Neben der fotografischen Poetik der Fälschungen beschäftigt sich Aćin auch mit dem Schach, dem »Königlichen, kaiserlichen Mandarin-Spiel, das Entscheidungen bei Kriegszügen dienlich war, bei militärischen Bewegungen, politischen Wahlen«. Aus dem Ausgang von Schachpartien erschlossen die Chinesen, was zu tun sei, und an dieser Prophezeiung wurde nicht im geringsten gezweifelt. Wir haben mithin Schach als Orakel, des weiteren Schach in der Literatur (bei Rabelais, Kafka); Schach und Politik (zum Beispiel wurde das britische olympische Schachteam im Zweiten Weltkrieg eingesetzt, den Code des deutschen Oberkommandos zu dechiffrieren); die Verbindung von Schach und (unserer) Fotografie, zwischen Schach- und politischen Regeln; Schach als einzige Kommunikation unter Gefangenen, die auf die Hinrichtung warten.

Fotografie und Schach, zwei Spiele, zwei Imaginationen, zwei künstlerische Spiele (die uns bis zu diesem Buch im großen und ganzen ungefährlich und nur amüsant erschienen waren) werden von jeder Macht gebraucht, und deshalb ist jede gleichermaßen bemüht, sich dieser beiden zu bemächtigen und sie zu inkorporieren.

Was die Literatur anbelangt (mithin die Bedingungen der Qualität menschlicher Existenz), haben diese beiden Spiele immer einen »tieferen« Sinn gehabt. Einige Schriftsteller-Schachspieler sind Erfinder verrückter Sprach-Spiele, von Nonsense-Spielen, Travestien, ironischen Masken. Andere, wie Omar Chajjam beispielsweise, bleiben bei der »gewöhnlichen« Sprache und sagen: »Wir sind lediglich Figuren im himmlischen Spiel; wir sind irgend jemandes Zeitvertreib auf dem Schachbrett des Seins, danach stellt man uns zurück, eine nach der anderen, in die Schachtel der Nichtigkeit.«

Indem er in einem Buch Nietzsche, die Fotografie, Spiele und Politik vereint, unterscheidet Aćin zwischen Täuschung und Verblendung. Täuschungen sind bösartig, moralisch unannehmbar, während Verblendungen jene Täuschungen sind, die wir selbst wünschen, wollen, die wir suchen und denen wir hartnäckig glauben, gegen jede »Stimme der Vernunft« und jedes (uns bekannte) Welt-Gesetz. Die »Poetik der Fälschungen« beschäftigt sich nur mit Täuschungen, was bedeuten dürfte, daß Aćin sich mit diesem Buch auch zu einem Buch über Verblendungen verpflichtet hat, zu einer neuen Poetik, die sich mit Märchen beschäftigen wird, mit Hoffmann, mit dem Kalender und anderen Verblendungen, mit »Täuschungen« also, welche die Macht des Spiels freisetzen.

An Jovica Aćin, Beograd

Lieber Jovica,

ich hoffe, Du erinnerst Dich an diesen Text über Dein Buch »Poetik der Fälschungen«. Du hast ihn Ende Februar 1992 in Sarajevo gelesen. Er lag noch als Manuskript vor und sollte in der Aprilnummer von »Izraz« erscheinen. Da hast Du mir, während des Mittagessens bei mir zu Hause, auch eine Widmung geschrieben:

»Meinen lieben Freunden Dragana und Dževad, welche die Wahrheit mehr lieben mögen als ich die Täuschungen,

Jovica Aćin.«

Du hast vergessen, das Datum zu schreiben. Unlängst habe ich es hinzugefügt: 1992, etwa einen Monat vor Beginn des Angriffs auf meine Stadt. Lange haben wir uns an jenem Tag über die methodischen Verfälschungen der Wahrheit unterhalten, über die beängstigende Macht des Unwahren in Geschichte, in Kunst und Literatur. Du warst stolz auf Deine Fähigkeit, die Großen Fälscher zu durchschauen und zu entlarven, mir hingegen schien Deine Leidenschaft für das Entlarven von Täuschungen für Momente dem Spiel eines begeisterten Jungen zu gleichen, der die Welt der Erwachsenen entlarven und zeigen will, wieviel Betrug und Lügen es in dieser Welt gibt.

Erinnerst Du Dich, Jovica, an diesen von Poetiken der Auflösung und Fälschungen und von Deinem kleinen

Sohn Stefan ausgefüllten Tag? Ich wollte alles über ihn wissen, fragte Dich, wem er ähnlich sieht, welche Farbe seine Augen hatten, welche Geschichten er wohl mochte, welche Schuhgröße er habe.

Am nächsten Tag schon kaufte ich viele verschiedene Wolle und brachte sie meiner Mutter, damit sie einen Pullover für den kleinen Stefan stricke. Ich berichtete ihr alles, was Du mir von ihm erzählt hattest, und gemeinsam lachten wir über seine »logischen« Schlußfolgerungen und den ernsthaften Satz, daß sein Papa Jovica ihn geboren hätte. Jedoch mußte der Pullover ein wenig warten, da meine Mutter gerade ein rotes Kleid für die kleine Azra aus der Nachbarschaft strickte. Anfang April feierte Azra ihren dritten Geburtstag, und das Kleid sollte eine Überraschung für sie sein.

Im April mußte die kleine Azra aus ihrem Haus fliehen. Meine Mutter kam im Mai ums Leben. Viel mehr als das Gefängnis der Täuschungen liebte sie die Wahrheit. Stefans Pullover war bei ihr geblieben. Der schöne bunte Pullover für den kleinen Jungen aus der Stadt, in der Täuschung und Lüge herrschten, die sie nicht hinnehmen konnte und wollte.

Wie Du weißt, begannen im April jenes Jahres die Angriffe auf die Stadt. Nur einen Monat nach unserem Gespräch über Fälschungen und Fälscher begannen sie, in Deinem Namen Sarajevo zu zerstören. Sie begannen, mein Zuhause zu zerstören, wohin Du immer, Zitat, wie in Dein eigenes kommen konntest, sie begannen, die Stadt zu zerstören, in der Du so viele Freunde hattest. Eine ganze Reihe von Täuschungen, über die Du in der »Poetik der Fälschungen« schreibst, übersiedelte mit einem Male in meine Wirklichkeit, die Großen Fälscher zeigten ihre Gesichter und begannen eine neue, rohe und blutige Geschichte der Täuschungen, der Ideologisierung und der Lüge zu schreiben. Viele Male stimmten Deine literarischen Beispiele mit den wirklichen überein. Ich fragte mich, was da geschehen war? Ich wünschte, daß Du mir diese Verbindung zwischen Literatur und Wirklichkeit erklären könntest; zwischen Deinen »literarischen Untersuchungen und Erfindungen« und ihren konkreten Täuschungen, dem Morden und den Zerstörungen. Ich fragte mich, ob wirklich eine Kluft zwischen Dir als Schriftsteller und Dir als Mensch entstanden war, denn ich glaube nicht, daß sie Dich betrügen konnten. Du, der Du so gut die Großen Fälscher und die Fälschungen der Wahrheit entlarvst, Du mußtest natürlich längst schon durchschaut haben, daß die Geschichte von der furchtbaren »allgegenwärtigen Bedrohung aller Serben« einfach nur eine aus der langen Reihe der Betrügereien der Großen Fälscher sein mußte, Du, der Du so gut die Wahrheit hinter der Fälschung siehst, mußtest längst durchschaut haben, daß der Staat nichts mit Glück zu tun hat und daß die Serben nicht glücklich würden, wenn sie in einem eigenen Staat lebten; Du mußtest durchschauen, daß mein Mann und ich weder Dich noch Deinen kleinen Sohn Stefan noch irgendeinen anderen Serben bedrohen; Du mußtest durchschauen, daß jene lügen, welche behaupten, die Bibliotheken in Sarajevo würden die Existenz des serbischen Volkes bedrohen; Du mußtest durchschauen, daß Blutbäder nicht zum serbischen Glück beitragen.

Lieber Jovica, ich habe Dein Buch über die Fälschungen gelesen, ich habe auch Deine anderen Bücher gelesen, ich kenne Dich gut, und ich weiß, daß die Großen Fälscher Dich nicht betrügen konnten. Ich weiß, daß Du Verbrechen, Gewalt, der Vernichtung von Bibliotheken, Museen und Menschen, ihrer Häuser und ihrer Zukunft nicht zustimmen kannst. In Deinem Namen jedoch wird all das getan, in Deinem Namen töten sie, vergewaltigen sie, schwängern sie, siedeln sie ganze Städte um!

Weißt Du, daß sie Irfan Horozović, den Schriftsteller, den Du so schätztest, aus Banja Luka vertrieben haben? Erinnerst Du Dich noch an seine wunderbaren Geschichten? Seine »Talha«, »Die Karte der Zeit«, »Kalfa« ? Interessiert Dich das Schicksal des Menschen, dessen Bücher Du so geliebt hast?

Uns in Sarajevo hat die Literatur zu überleben geholfen, das Anstehen um Wasser und die furchtbare Kälte zu ertragen, feuchte Keller, in denen wir tagelang ausharren mußten, die überlangen Nächte, die vom Lärm der Granaten erfüllt waren, von Splitterbomben, dem Schreien der Verletzten. Liebgewonnene Bücher wurden uns noch lieber, und die Bücher unserer Freunde wurden kostbar. Häufig haben wir in ihnen geblättert, und noch häufiger dachten wir an die Freunde, welche sie uns einst geschenkt hatten. Unter diesen kostbaren Büchern waren auch Deine, sowohl die, die Du selbst geschrieben, als auch die Rezensionsexemplare, die Du uns als Redakteur geschickt hattest, damit wir darüber schreiben, und schließlich einige »spezielle«, die nur Du besorgen konntest. Erinnerst Du Dich, das waren die drei Bücher von meinem geliebten Remisow und Platons Schrift über die Freundschaft. Unmittelbar vor dem Krieg beschäftigte ich mich mit der Thema der Freundschaft bei Platon. Du hast Dich zu jener Zeit dem Aufdecken von Täuschungen gewidmet. Da wir beide unsere damaligen Obsessionen sehr ernst nahmen, nannte Dževad uns im Scherz oft Spezialisten. Mich den Spezialisten für die Frage der Freundschaft, Dich den Spezialisten für das Falsche.

Während ich im Kriegs-Sarajevo, in meinem kalten Heim ohne Fenster und mit vielen Löchern in den Wänden, zum wer weiß wievielten Male Platons Dialog über die Freundschaft las, habe ich oft an Dich gedacht. Ich fragte mich allerdings nicht, wie es Dir geht. Deshalb nicht, weil ich glaubte, daß es Dir schrecklich ginge. Ich glaubte, Du müßtest den Terror der Großen Fälscher erdulden und würdest Dich wegen der Verbrechen, die sie in Deinem Namen verüben, sehr schämen. Und es war schrecklich für mich, Dich nicht anrufen zu können, um Dich zu trösten und Dir zu sagen, daß mir klar sei, daß Du mit all dem nichts zu tun habest.

Ich fragte mich nur, wie groß Dein kleiner Stefan jetzt war und wie er jetzt wohl aussähe. Es war gut, daß er weit fort war, es war gut, daß er meinen Kindern aus Sarajevo bestimmt nicht ähnlich sah, mit denen ich jeden Tag zusammen war, wobei ich versuchte, ihnen irgendwie zu helfen oder wenigstens ihre Angst ein wenig zu mildern, den lieben Kindern mit dem traurigen Blick, in schmutzigen, zu kurz gewordenen und zerrissenen Pullovern, den Kindern, die das Lachen und die Märchen vergessen haben.

Stell Dir vor, einmal war es mir sogar gelungen, eine Menge Wolle für Pullover zu beschaffen. Ich fand Frauen, die mit Freude einwilligten, Pullover für diese meine »neuen« Kinder zu stricken.

Ich weiß nicht, ob sie schön waren. Vielleicht auch bunt? Ich ging wenige Tage vor dem Fertigwerden dieser Arbeiten aus Sarajevo fort. Was ich mit Sicherheit weiß, ist, daß sie mit viel Liebe gestrickt wurden, mit Sorgen, Angst, Hoffnung. Alles andere wird Azem mir erzählen, der bei ihnen geblieben ist. Oder einer von meinen kleinen Freunden. Einmal, wenn all dies hier vorbei ist.

Lieber Jovica, sobald ich aus Sarajevo heraus war, begann ich, mich nach Dir zu erkundigen und danach, was Du unternommen hast, um Dich gegen die auch in Deinem Namen verübten Verbrechen zu verwahren. Ich war sicher, daß Du es getan hast, ebenso, wie ich sicher war, daß Du nach einem Weg gesucht hast, uns, Deinen Freunden in Sarajevo, irgendwie mitzuteilen, daß Du bei uns bist, daß Du uns verstehst und liebst, daß Du Deinen Namen nicht denen leihst, die unsere Stadt zerstören, und daß Du uns bis jetzt die Briefe nicht zukommen lassen konntest, die Du uns, natürlich, geschrieben hast. Ich war mir sicher, daß Du sie geschrieben und aufbewahrt hast und wir sie bekommen würden. Ich wußte weder wann noch wie, aber ich war sicher, daß sie uns erreichen würden. Es gab jedoch keine Briefe. Es gab auch keinen Protest von Dir oder eine Verwahrung gegen die in Deinem Namen verübten Verbrechen. Oder war niemand in der Lage, es mir zu sagen? Was ist nur mit Dir geschehen, Jovica? Ist es denn möglich, daß sie Dich getäuscht haben? Du hast Dich doch so lange mit dem Entlarven von Täuschungen beschäftigt, Du mußtest doch längst schon alles gewußt haben, vielleicht auch uns warnen. Erinnere Dich, daß wir beide Spezialisten für die Fragen der Freundschaft und fürs Schreiben dicker, komplizierter Romane sind. In unserer gemeinsamen Welt warst Du der Spezialist für das Entlarven von Täuschungen.

Im August 1993 brachte mir unser gemeinsamer Freund Predrag Marković Dein neues Buch mit – »Wahrsagen aus der Asche« (über Vertreibungen und Lager). Mit Ungeduld griff ich danach und begann zu lesen, überzeugt davon, hier zu finden, was ich so sehr brauchte – Deinen Brief an die Freunde in Sarajevo oder Banja Luka, Deine Feststellung, daß Lager für Bosnier und Kroaten nicht in Deinem Namen errichtet werden können, daß die systematischen und gewaltsamen Schwängerungen von Frauen auch für Deinen Sohn Stefan (den wir, wie Du weißt, sehr lieben) die Hölle sind. In Deinem ungeheuer umfangreichen Buch über Vertreibungen und Lager gibt es nicht eine einzige Stelle, die sich auf das bezieht, was uns heute widerfährt. Doch nicht nur uns. Es widerfährt auch Dir, Jovica, und Stefan. Wie kannst Du das nicht verstehen? Auch Euch!

Kein Wort über das in Deinem Namen Verübte! Kein Wort über die Lager, die zu Deinem Glück errichtet wurden. Kein Wort über Sarajevo, diese ganze in ein Lager verwandelte Stadt. Ist es denn möglich, daß Dich, wenigstens als Schriftsteller, in dem Moment, da Du ein Buch über Lager schreibst, kein bißchen die in ein Lager verwandelte Stadt interessiert? Du schreibst ein Buch über Lagertypen, über Lagermechanismen, und ein riesiges Lager ganz besonderer Art erwähnst Du gar nicht. Denkst Du nicht ebenso wie ich, Jovica, daß auch der Schriftsteller zu versagen beginnt, wenn der Mensch versagt?

Kann es denn sein, daß diese Stadt Dich kein bißchen angeht? Denkst Du nicht, daß sie in Deinem Buch über

Lager einen Platz hätte finden müssen? Oder fürchtest Du Dich jetzt schon so sehr, daß dies kein Thema mehr für Dich ist?

Ich glaube es nicht, ich kann es nicht glauben, ich könnte es nicht annehmen, daß Du Deine Stimme, Deinen Namen, Deine positiven Energien und Deine Gefühle dieser primitiven und abstoßenden Gewalt leihen kannst. Aber ich sehe, daß Du schweigst. Stillschweigend stimmst Du zu, und mit genau der Auswahl von Tatsachen, die Du aufführst, trägst Du zur großen, in Deinem Namen unternommenen Verfälschung bei. Ist es denn möglich, daß wirklich eine Kluft zwischen Dir als Mensch und Dir als Schriftsteller entstanden ist? Ist das vielleicht die Erklärung für die Tatsache, daß Du als Mensch nicht Deine Stimme gegen die Zerstörung von Sarajevo erhoben hast, daß Du Dir nicht die Frage gestellt hast, wieviele Buben es in dieser Stadt gibt, die vielleicht doch auch Deinem Stefan ein wenig ähneln, die aber hungrig sind, denen kalt ist, da sie doch ihren Vater nicht haben, dem sie geboren wurden und der ihnen schöne, lange Geschichten erzählen könnte. Ihre Väter sind gegangen, sie vor den Großen Fälschern zu schützen. Viele von ihnen werden nie wieder zurückkehren. Bist Du wegen dieses Risses auch Deinem Handwerk untreu geworden? Du schreibst ein Buch über Lager und erwähnst nicht das größte Lager, das es je gegeben hat. Wie konnte das passieren, Jovica? Ist es denn möglich, daß auch Du, aus freiem Willen, ein Glied in der langen Kette der Fälscher wirst? Oder bist Du längst schon wirklich ein Experte für das Unwahre geworden? Über diese Experten sagst Du selbst in Deinem Buch »Poetik der Fälschungen«: »Als Experten des Unwahren

erscheinen eben alle Gefangenen der Macht des Unwahren. Die Expertise ist ebenfalls eine der Instanzen des
Systems, das die Stille organisiert. Organisiert wird das
Schweigen über alle Lügen, doch auch das drohende Rauschen wird organisiert, wann immer das Leben in der
Poetik aufersteht, die das System desorganisiert, selbst
wenn es die Poetik der Fälschungen sein sollte. Von daher
ist auch jede Geschichte der Fälschungen in der Mehrzahl
auf Schweigen und weißes Rauschen ausgerichtet.«

Ist dies vielleicht die Antwort auf alle meine Fragen an
Dich und im Zusammenhang mit Dir?

Deine Freundin Dragana.

P.S.
Dies ist der einzige der Briefe in die Vergangenheit, auf
den ich eine Antwort erwarte. Wenn ich sie nicht bekom-
me, bin ich um nichts klüger, doch ich werde sehr, sehr
traurig sein.

© Literaturverlag Droschl Graz-Wien
Deutsche Erstausgabe 1995

Layout und Satz: AD Design
Herstellung: Grazer Druckerei

ISBN 3-85420-403-5

Literaturverlag Droschl   A-8010 Graz   Bischofplatz 1

Essay 13

R. P. Gruber/Ludwig Harig

Die Negerhaftigkeit der Literatur

1992, ÖS 80.- DM 12.-

Essay 14

Dieter Wellershoff

Im Land des Alligators

1992, ÖS 100.- DM 16.-

Essay 15

Werner Schwab

Der Dreck und das Gute.

Das Gute und der Dreck

1992, ÖS 80.- DM 12.-

Essay 16

Hans-Jürgen Heinrichs

Die geheimen Wunder

des Reisens

1993, ÖS 150.- DM 22.-

Essay 17

Walter Seitter

Hans von Marées. Ein anderer

Philosoph

1993, ÖS 100.- DM 16.-

Essay 18

Brigitte Kronauer

Literatur und schöns Blümelein.

1993, ÖS 80.- DM 12.-

Essay 19

Rada Iveković

Jugoslawischer Salat

1993, ÖS 100.- DM 16.-

Essay 20

Paul Wühr

Wenn man mich so reden hört

1993, ÖS 150.- DM 22.-

Essay 21

Dezsö Tandori

Startlampe ohne Bahn

1994, ÖS 150.- DM 22.-

Essay 22

Felix Philipp Ingold

Autorschaft und Management

1993, ÖS 100.- DM 16.-

Essay 23

Sabine Scholl

Wie komme ich dazu?

1994, ÖS 150.- DM 22.-

Essay 24

Irena Vrkljan

Vor roter Wand. 1991-1993

1994, ÖS 100.- DM 15.-